我开咖啡店那日

わたしがカフェを
はじめた日

[日] HOHOHO座 著
朱娅姣 译

重庆大学出版社

我开咖啡店那日之京都地图

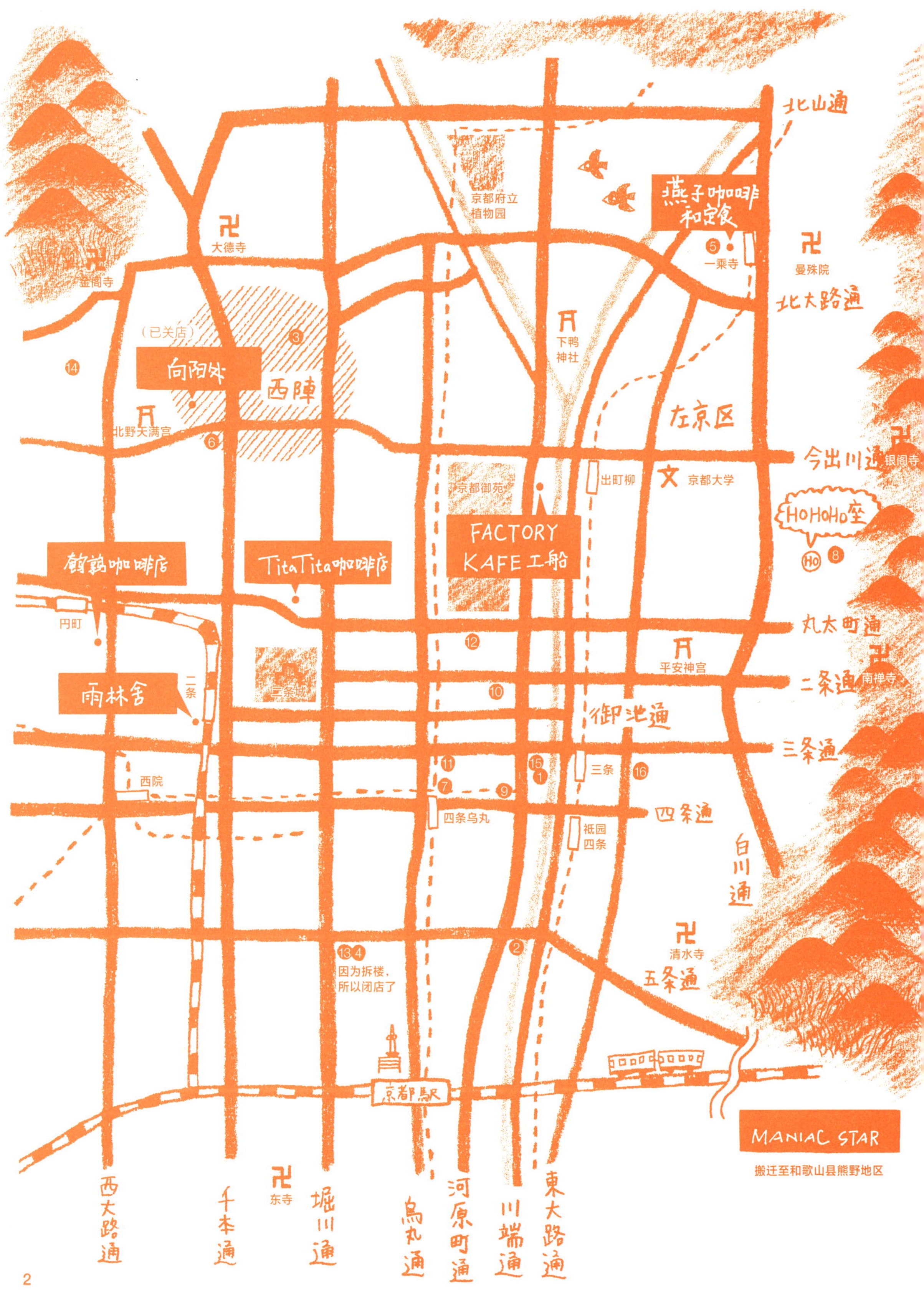

受访咖啡店的地图

向阳处

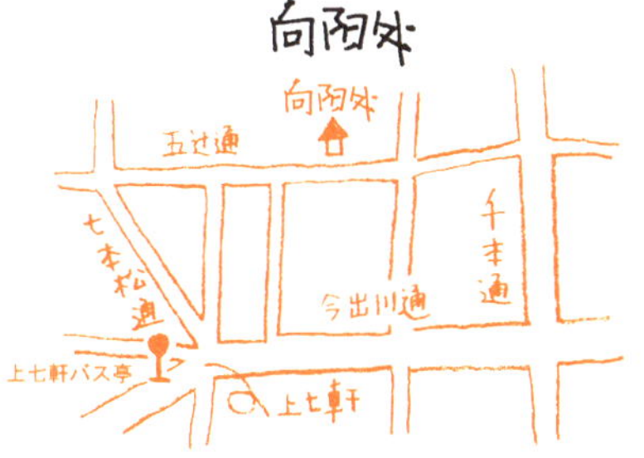

乘公交，“上七轩”站下，步行4分钟。
※已关店。

燕子咖啡和定食

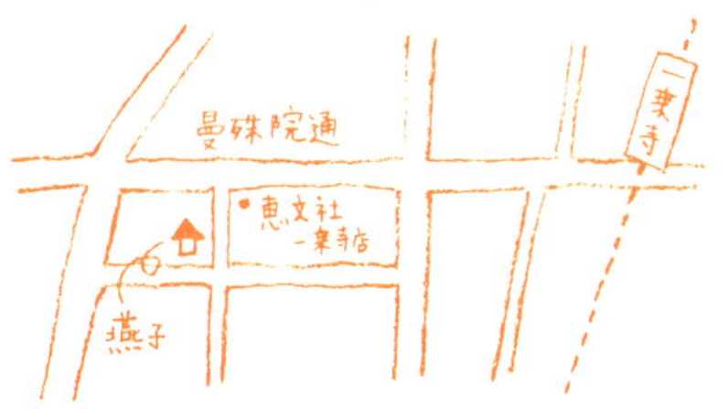

乘叡山电铁，“一乘寺”站下，步行1分钟。

鹤鸫咖啡店

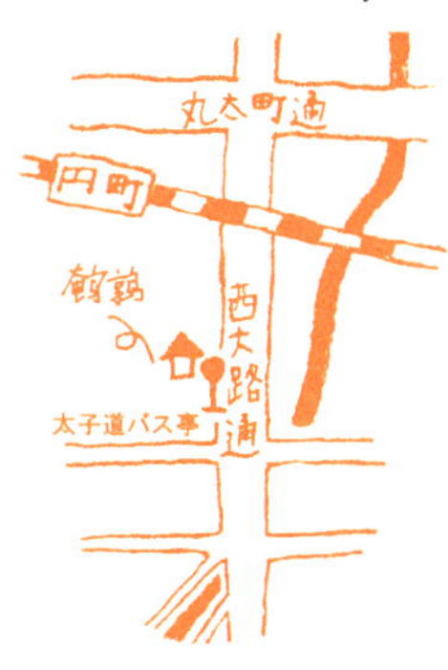

乘公交，“太子道”站下即是。

TitaTita咖啡店

乘公交，“堀川丸太町”站下，步行3分钟。

FACTORY KAFE工船

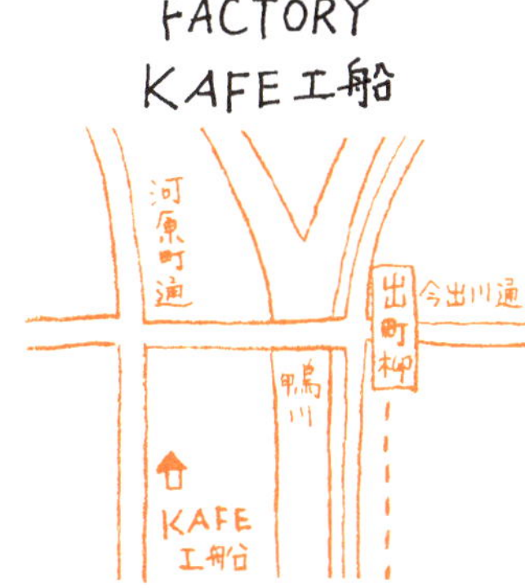

乘京阪电车，“出町柳”站下，步行5分钟

雨林舍

乘JR，“二条”站下，步行3分钟。

MANIAC STAR

店铺搬迁至和歌山县熊野地区，
再度开门营业筹备中。

采访中出现的店铺

1 **UrBANGUILD（live house）**
在这里边喝酒边看演出，是体会京都别样风貌的固定方式。

2 **efish（咖啡店）**
夕阳西下，边眺望平日的鸭川边啜饮咖啡，棒极了。

3 **KARAIMO BOOKS（古书店）**
奥田夫妇经营的小众书店。他们还创办了面向社会的讲座，名为“KARAIMO学校”。

4 **GALLERY ANTENNA（画廊）**
2015年年底关店。目前以“CIELARKA”和“asterisk”为名开展各种活动。

5 **慧文社一乘寺店（书店）**
HOHOHO座转型真是转对了。

6 **静香（咖啡店）**
咖啡店里的重要文化遗产。
2016年传承给第三代继承人。

7 **SECOND HOUSE东洞院店（蛋糕店）**
由町家改建而成，春天可以看到窗外的樱花。只此一店，即可饱尝京都之味。

8 **田中美穗植物店**
开在HOHOHO座旁边的个性植物店。逛完HOHOHO座回家时记得顺道去看看。

9 **TOWER RECORDS京都店**
开在“河原町opa”顶层。

10 **Tramonto（意面店）**
店长头发花白，是位时髦的老绅士。

11 **BIO亭（自然派餐馆）**
店内空间狭小，杂乱却又恰到好处，给人以奇妙的安心感。

12 **Petit Restaurant Naito**
位于胡同深处的高级西式餐厅。

13 **增田屋大厦**
个性店铺汇聚一堂的复古大楼。可惜的是，2018年被拆除了。

14 **ROY'S GARDEN（咖啡店）**
心情沮丧时可以在露天咖啡座稍事休憩。

15 **六曜社（咖啡店）**
在这里工作的女士们也相当有个性。

16 **六花（咖啡店）**
六花咖啡店。气氛宁静安详的店，店如其名。

我开咖啡店那日

文/图 HOHOHO座

目次

本书中收录的信息是截至2015年3月的内容，2018年12月进行了部分修改。

我开咖啡店那日／2003年5月1日／MANIAC STAR／Yamada Takayo

MANIAC STAR（旧鹿ヶ谷）

2014年11月由京都市左京区搬迁至三重县伊贺上野之后，
又于2017年12月搬迁至和歌山县熊野地区。
以临街摆摊的经营形式为主。
实体店筹备中。
地址和电话号码不公开

听说有咖啡迷在附近开店，我就骑上自行车去找。沿着被告知的路线骑了又骑，可咖啡店模样的店面就是不出现。当我第三次在心里嘀咕“怎么还没到”时，它悄然出现，立于彼处。

店内的木制吧台和二层阁楼令人印象深刻，墙上密密麻麻地挤满了三样东西——电影《星球大战》和《出租车司机》的相关物件，以及藤子不二雄的作品。

店主模样的女士个头很高，看起来岁数不大，待客方式十分淡定。我点完口碑极佳的盖饭，刚在吧台前坐下，一群小学生蜂拥而至，挤进店内。

当时，柜台旁放着一台电视机，这群刚从珠算培训班下课的孩子们争先恐后地坐在电视机前，美滋滋地玩起已经插好的SFC红白机游戏。当然，是免费给他们玩。店主也好，孩子们也好，都对我视若无睹，仿佛这些举动是再普通不过的日常一景。

我边吃盖饭边想起小学时去过的粗点心店。这里既是附近孩子们玩乐的地盘，又是可以休憩的港湾，客人们在此啜饮咖啡。我觉得，这就是理想中的咖啡店。

写下"我没有梦想"后老师相当火大来着

（HOHOHO 座）
这话可能有点儿突然，不过，您似乎在某篇文章中写过这么一句："倒也没想把 MANIAC STAR 经营成咖啡店。"对吧？我看过哦。

（MANIAC STAR）
咦！这是了解我们MANIAC STAR到什么地步了？！

没有没有，突然想起的。您是京都人吧，生在伏见区？
不是，太秦那边。你对我完全一无所知嘛！（笑）

抱歉抱歉（笑），升学的事，怎么定下来的？
没考虑太多。我喜欢画画，倒也想过考艺术院校，但是，我对被录取这事没什么信心，同学啊、朋友啊也没人打算学这个。我就想，走这么显眼的路线挺不好意思的。我吧，就是个普通人……再说，万一考砸了，多丢人，我接受不了。学画这事一直没停过，但这些心事从没跟父母和朋友们讲过。我跟妈妈两个人过，她提过一句，说"你要是去商科院校，我就帮衬一把"。这样一来，可选择的专业就少了。总之先把眼前比较好走的路走了再说——大概是这种感觉。

这算成长路上的挫折之一吗？
说是挫折，倒不如说我对美大基本一无所知。我一直觉得上美大就是纯画画，觉得"上美大"跟"毕业之后做插画师、设计师等相关工作"是两码事，对"有好多想做的事呢，进了美大却只能画画！"这事深信不疑。我想，得花钱才能学这个吧？但跟家里人说"出钱供我上大学"似乎也不大对。自己打工赚学费走读也行，但不禁扪心自问，自己真的喜欢画画到了这个地步吗？

一般来说，谈到上大学的动机，怀抱“反正大家都要上大学”“讨厌马上进入社会去上班”的想法或者在类似犹豫不定的状态下去上大学的人，好像挺多的。按您的说法，您没去上大学固然有家里经济状况的制约等原因，但我觉得，您的自立之心十分坚定，或者说，您并没有草率地对待这个问题。

在想做的事情上我可能是这样，在其他事上，我经常想也不想就做决定呢。

当时，有没有什么想从事的职业？

参加高中推荐入学考试时，老师要求我们写个命题作文，题目是《我的梦想》。我上来就写“我没有梦想”，老师相当火大来着。不过，我对当百货公司售货员多少有点儿向往，最后写了这个。

感觉像是下意识地在心里自圆其说？

可能是（笑），也算自己说给自己听吧。

那时完全没想过自己会发展成现在这样？

半点儿也没。上高中时，我是不会一个人走进店里吃吃喝喝的。

您在班级里是什么样的学生？

挺不起眼的。那会儿我根本没动脑思考过什么，堆堆袜加手机，普通高中生一个。不过，有时会自己动手做衣服。

最终您没去考美大，后来做了什么呢？

去日式点心店上班了。公司规模相当大，入职仪式很好玩，也交到了朋友。想着“啊，就在这公司干下去吧”，可在总店干第一份差事时又想，好像有什么地方不太对。捏点心时我老是想“咦，怎么回事？为什么要来捏点心？我明明喜欢画画啊……难道一辈子都要干这个？”那时，第一次意识到自己选工作选得多么草率，心想，这可不妙。也考虑过下班后上个夜校念一门专业，但是，上班地点有时会变，自己到底想做什么也定不下来，就搁置下来了。这时，接触到《星球大战》以及库布里克和藤子不二雄的东西，就一下子迷上了。

就是出了SF系列短篇集等多部作品的藤子不二雄吧。

对。（接触那些后）就觉得，人果然得做喜欢的事才行。反正，有人问我时，与其说个不切实际的、不清不楚的梦想，我就说，我的梦想是开杂货店……

自己挣钱、自己对世间之物进行取舍，说不定会跟某样东西来个盛大的邂逅呢。

嗯，大家都是在那些年知道那些作品的嘛。上学时觉得宇宙什么的很可怕，不过，看了《2001太空漫游》和藤子不二雄的短篇集才知道，宇宙并不可怕。

思维方式和世界观一下子改变了。

对。之后收集了好多《星球大战》的周边玩具，在收集过程中，开始琢磨开家玩具店。但开店需要资金啊，我就在日式点心店又干了一段时间，并兼职给人送报纸。那时，我头一次将自己考量过的、真心想做的事付诸行动。虽然妈妈表示强烈反对，不过，她最终理解了我的心情，这还是头一次。

从"能望见目的地"这一节点开始
它就不再只是"梦想"
而是"我能实现"

令堂是独揽大权的类型吗？
对我来说，她不算可以谈心的对象，倒像需要汇报工作的上司。不过，当时第一次跟她谈了心，说“我有这样一个梦想，因此想去送报纸，不是瞎玩玩”。

这是您自我意识的第一次觉醒呢（笑）。
与其说发掘到了快乐，不如说，从“能望见目的地”这一节点开始，就不再是“怀抱梦想”，而是“我能实现”。“具体说来，我想这么这么干”，全都看得一清二楚。反正挺自信，觉得梦想一定能实现。

这是什么时期的想法？
十九岁左右。最初想开玩具店，再一细琢磨，就变成“想开咖啡店”。冒出这个想法的瞬间，就把店名MANIAC STAR给定下来了。

还真是，店名处缀着“玩具咖啡厅”这一注释呢。MANIAC STAR 的由来是什么？
“Maniac”的意思是“狂热的”，“star”则是一早就想好要用的。比如说，什么什么star，或star什么什么。类似于理想用词吧。

名字起得很“星球大战”。
让别人都觉得你有一股子疯狂劲儿，你才能实现梦想——就是这层意思。

于是，您就边在日式点心店上班边为开店而存钱？
对，结果一干就干了四年多。这期间，一直担心MANIAC STAR这名字被别人给占去（笑）。总之，我开始边上班边制作表现“MANIAC STAR日常一景”的宣传材料。

做好后发给谁？
公司的前辈们之类。虽然那只是本给自己喜欢的玩具做注解的小册子，不过，以MANIAC STAR的场景来呈现那些，我很开心。说出去时，已经是一副“梦想实现啦！”的架势。我还把朋友们招呼到家里，把自己的房间当成MANIAC STAR来待客。不过，在做的过程中，我意识到“这不是真正的咖啡店”（笑）。说到底，我就是因为不敢一个人走进咖啡店，才在自己家这么弄的。

简直是咖啡过家家嘛（笑）。不过，从那时开始，事情已经朝既定方向发展下去了。
是啊，跟认识的人大说特说了好一阵子。

之后具体做了哪些事？
之后本想从日式点心店辞职，但正赶上当时公司里有家甜品店要改装成咖啡店，迁到大街边上重新开张。很自然地，我就成了那里的店员，体验到好多事。乍看是家常见的时髦咖啡小馆，其实是家族式经营，没什么章法。当天要是下雨，就不开门。如果客人都走了，大家也就全都出去玩了。最终，这家店一年多点儿就歇业了。不过，在我心里，这家咖啡店是个传奇，我至今都记得它。

换句话说，您是从那时起从事餐饮业的，对吧？

是啊。同一时间段里，我还在五条通的增田屋大厦（注1）里打工。那里有家画廊，叫“ANTENNA”（注2），菜单每天都变。我一周去一次，就是给客人泡泡咖啡。滔滔不绝地说了一大堆想开咖啡店的话之后，大家教了我很多东西。我还在手工市集里摆过摊儿，街边也摆过。卖手工明信片，也卖手冲的越式咖啡。

对了，第一次自己进去坐的咖啡店是哪家？

SECOND HOUSE（注3）。开始尽量找容易进的，能一个人走进去，可把我自己给感动坏了（笑）。接着去了efish（注4），我震惊了。

efish就是那家引领京都咖啡店热潮的、设计感十足的咖啡店吧。比起单纯地开店赚钱，它给人的印象，更像是“让你树立起世界观”。这算促使您有所行动的契机吗？

这是促使我游走于各式各样的咖啡店，多多体验的契机。真正把MANIAC STAR开起来的契机则是“某天朋友突然喊我一起去冲绳”（笑）。也不是特别想去，不过，反正闲得很，就去了。当地有家很可爱的咖啡店，跟一家我喜欢的、开在东京的店很像。跟店主一说，对方回答：“啊，那家也是我开的。”我心想，哇，厉害了！跟对方聊了很多。当时，我已经从日式点心店辞职了，手里有三百万存款，心想，存到五百万就开店。结果对方说“三百万已经够开店啦”，我又震惊了。心想，啊，三百万就够呀。可能我心里在逃避这事，觉得拿三百万开头有点儿害怕，所以才找借口，说存到五百万才行。

↓店内放置的自己制作的小册子

您这是等人在后面推一把呢。

对对（笑）。

之后就根据具体要求物色了店面？

是啊。当时我暗恋着一个人，他对我影响很大。他虽然是建筑师，但给了我很多建议，从店内装修到经营上的点子，差不多都是他主导的。

您彻底成现场指挥了（笑），怎么选定这里的？

是他选的，说这里不错（笑）。还有，冲绳那家店的窗户是敞开式的，室内和室外没有明确的界限。走进老式咖啡店时，立刻就能感觉到进入了另一个空间，对吧。刚开始，我也想把自己的店做成那样，但转念一想，让外面的风吹进来，这样的店没准儿也不错。

开业那天，感觉怎么样？

没多少“我的店开张啦”的感觉，在不知不觉中，就开门迎客了。

如果只靠这家店的收入来维持生计我想，不到十年我就会关了它

【3】

话题稍稍朝最开始回溯一下。在几年前的某个宣传材料上，我好像看过这么一段：“其实，我开店，并没有执着于咖啡店这种形态。MANIAC STAR 这名字无非是个表达自我意志的象征。”我记得，看完后我恍然大悟——难怪这家店给人“具有多面性”的印象。既像咖啡店，又像玩具店。还有，第一次进店时，有一件事让我印象深刻。附近的小学生们放学回家途中顺路拐进这里，对着店里的 SFC 红白机玩得不亦乐乎，对吧（笑）？我觉得这里特别像昭和时代的粗点心店。虽然是家店，却像公共空间似的，孩子们都愿意跑来玩，俨然是一个游乐场。从这个意义上说，这真是家神奇的咖啡店啊！

最近刚给当年那些小学生办了高中毕业欢庆会，大家一点儿都没变（笑）。虽说他们都长大了，不过，能给他们提供一个称得上“我们的地盘”的空间，我很高兴。其实，我们称之为“咖啡店”，因为说到底，我觉得能把我想做的事都实现的，也只能是咖啡店了。

正可谓如自己所想那般的空间吧。对了，您探寻各种咖啡店后还总结过巡游心得，对吧？真算得上咖啡迷了。是不是为了研究什么呢？

没有。并不是为研究什么而到处探寻，只是喜欢咖啡店罢了。

唔……坐在店里，感觉跟外面是相通的，有种开放感。不过，店内布置了很多有意思的小玩意儿当摆设，跟普通咖啡店的气氛相比，这里的内装风格更像“个人空间”。生客初次上门可能多少有点儿不敢进，但只要踏进店门、融入这个空间，就会觉得这里真的很舒适，是个好地方。怎么说呢，就是“在特别适当的分寸上让你自得其乐”吧（笑）。仿佛人人都能体验到一个“架空的、属于我的房间”。来到这里后，不知不觉间，我都想躺下了。

服务需要全情投入啦、没事跟客人瞎聊啦，我都不怎么坐。

家具摆设换过好几十次吧，这点也很像个人房间。

平时经常改变摆设。不用特意重新装修了嘛（笑）。

您还组织过各种活动，对吧？和熟客们一起爬山；儿童节时要给孩子们准备儿童菜单、发放传单，还要做好吃的、迎接他们，把这里变成“儿童咖啡店”。从中能感受到，您这是不计盈亏，以让参加者高兴为先啊。

应该说，我和客人们都是只在乎高兴不高兴的人（笑）。没把这些事当成工作来做。

对对。MANIAC STAR 的立场有趣就有趣在，它不是用来赚生活费的咖啡店，对吧？

对，它不是一份工作。我的主要收入来源是打工。刚开店那会儿，本来就在做兼职，给人打工。当时想过，觉得光靠咖啡店就能过下去的话也不错，可把兼职辞掉后只操心这里，就觉得不是那么回事。当然，我有房租要付，但是，如果只靠这家店的收入来维持生计，我想，不到十年，我就会关了它。这么一想，就觉得现在这样也挺好的。保持这种状态的话，不管过多少年，这家店都与我同在。

一般情况下，很多人都会觉得，不管兼职兼的是什么，都会给体力和精神增加负担。您有过这种感觉吗？

嗨，下午两点左右打完工，会想“活儿可干完啦”，这么个程度吧。之后就是个人自由时间了，店里的正式营业时间大概定在下午三点到晚上十点。

在 MANIAC STAR 做事，不是做一份工作，而是享受属于自己的时间。按照这个逻辑，除非您改变心意不经营了，否则，MANIAC STAR 就是家“绝对不会崩坏的店”呢。

就算客人的数量不增加，我也不会太担心。客人进进出出，面孔换来换去，但我觉得每天进来的客人总数一直没变过（笑）。

我不是为了让别人给我幸福
才找寻到了 MANIAC STAR
我是为了自己过得幸福

【4】

问个私人问题啊。我有点儿想知道令尊是怎样一个人。好像他在您四岁的时候过世了？

是。当时在幼儿园，到了吃点心的时间，我刚要把点心往嘴里放，妈妈就来接我了。

不知为何，我觉得 MANIAC STAR 的故事是从这里开始的。

咦？

好久之后，您的自我意识才觉醒，但我觉得，似乎令尊才是一切的起点。为什么这么说呢，因为您一直在自己做的小册子中回溯这件事，把那段记忆当作起点。把 MANIAC STAR 的创立过程拍成电影的话，那个回忆，就好比第一幕。

那是我所记得的、最早的一件事。

当时应该特别受打击吧。关于令尊，还记得什么吗？

我只能通过留下来的照片去认识他，但我并不了解他。我猜他喜欢照相机和摩托车，总是戴顶帽子——都是从照片里看出来的。

我想起来了，很久以前，您不是展出过令尊拍摄的照片吗？我去看过，十分感动。作为作品，那些照片留存于世，它们既前卫，又贴近生活。他本人或许完全出于个人兴趣而拍，但看上去像“以展示给人看为前提”来拍似的，仿佛料定了您一定会在某个时刻展示给别人看……在您身上，能够清楚地同时看到令尊的艺术气息和令堂一丝不苟的个性。不知您还记不记得，大约十年前，我问过您“抽不抽烟”，您的回答大致类似于“我对烟没有半点儿兴趣”，给我留下了很深刻的印象。当时，已经有相当多的女孩子在抽烟，特别是喜欢非主流文化的女孩子，抽得很凶。听您那么一说，我对您产生了好感，心想，啊，这个人不会被那种事带着跑。给我的感觉是，您属于做人一丝不苟的、不投机取巧的类型。与此同时，您自己复印彩色照片制作华丽的小册子，把德尼罗的《出租车司机》中令人印象深刻的场景在墙上大幅大幅地贴满。做过这些事吧？（笑）能从您身上感受到父母双方的影响呢。您喜欢令尊的照片吗？

喜欢啊。对我来说，爸爸的照相机就像时光机一样。爸爸拍摄的照片——那些回忆说不定就存在于我的细胞中。虽然照片是爸爸拍摄的，但它们像根植在我心里一样。

今后，这家店的独特姿态也不会更改，对吗？

我很容易受他人影响，经由这家店认识构建起我生活的人，会很有意思。如果能遇见让我意识到这一点的人，或许还会有变化。不过，我不是为让别人给我幸福才找寻到了MANIAC STAR，我是为了自己过得幸福。我想要过上幸福的生活，我真的想。

二〇〇三年五月一日开业
店主 Yamada Takayo

注1 增田屋大厦：画廊、工作室、古书店入驻的老式大楼。
注2 ANTENNA：近年以展示漫画家的漫画作品为主的单厅画廊。
注3 SECONED HOUSE：起源于京都的连锁咖啡店。
注4 efish：设计师西堀晋亲自设计的、引爆京都咖啡店热潮的先锋咖啡店。

烤年糕饼

选用豆沙和芝士烤制成的年糕饼，
维持着豆沙150日元、芝士200日元的
昭和定价，
饼面尺寸很大，能让您吃个够。

尤达帕菲分为
尤达脸帕菲和没有尤达脸的帕菲
这两种。
在抹茶冰淇淋上放红豆和羊羹，
做成可爱的尤达脸。

在“小食”和“悠闲”间
永远循环。

↑ 做得很好玩的骰子型菜单

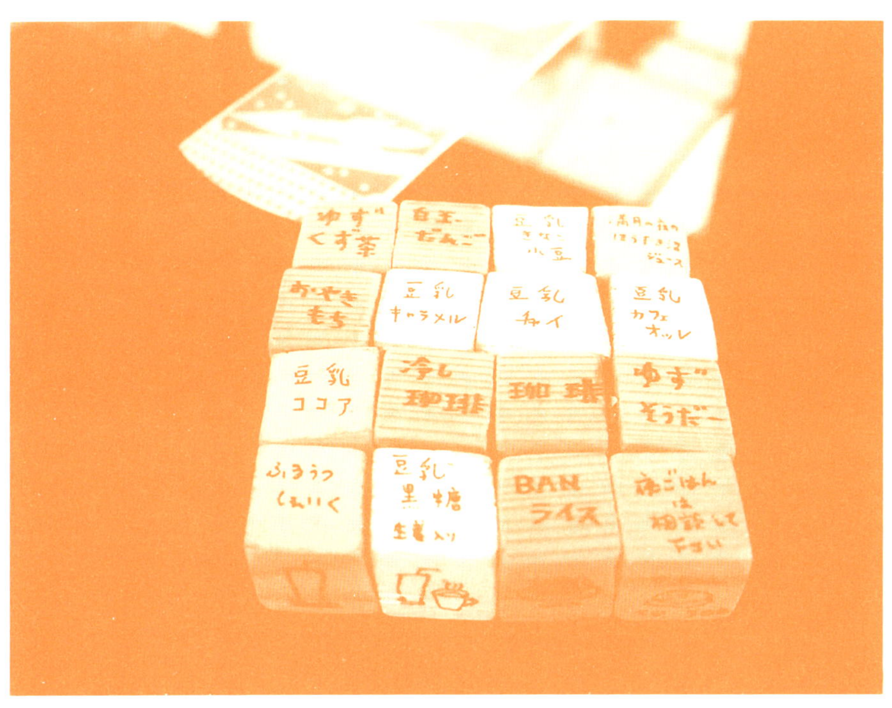

本书中给出的店铺菜单及定价均为采访时的实际情况。现在菜单可能有所不同。本书中出现的价格单位均为日元。

我开咖啡店那日／2003年6月11日／向阳处／吉原三千代

向阳处

京都市上京区五辻通六轩町西入沟前町100－99
电话：075－465－1330
营业时间：10：00—18：00
休息日：不定
※ 2016年12月31日关店。

“向阳处”是京都最早开业的町家咖啡店之一，一位作家朋友在它的二楼举办个展期间，我第一次拜访了这家店。京都本地人的车把附近进出的道路占满了，我略感无奈，只得将车停在咖啡店侧面。一走进店内，首先招呼我的是町家独有的、凉丝丝、暗幽幽的大门口，让我感觉像到了亲戚阿姨家的屋里。

店里铺着榻榻米，安静的、暖融融的气氛营造出一幅“客人们懒洋洋地定格在此”的画面。咯吱咯吱，我走上楼梯。

当时，被当作画廊的二楼布置得像民宿单间似的，陈列也极舒服，让人坐下就不想起来，仿佛到了朋友家，来和人闲话家常。

我记得，下楼后，自己点了咖喱饭。不经意地向旁边一瞅，房间里还有壁龛。借着幽暗的壁龛灯光看了会儿书后，睡意一下子就涌了上来。

结完账走出店门，阳光特别刺眼。

从中学开始 很自然地
必须要进厨房干活
对我来说 做饭是件平常事

【1】

（HOHOHO 座）
怎么对饮食业感兴趣的?

（向阳处）
我是茨城县人，一直在当地上班，是平凡的上班族中的一员。二十五岁左右，我开始觉得自己活得很痛苦，不知道接下去的路该怎么走，特别苦恼，连班都不能上了。我想，我可能是精神抑郁了吧。接着，我顶着公司的压力办了带薪休假，休养精神。这期间，我偶然兴起了去烹饪学校学习的念头，就花了半年时间收集资料看这看那。之后，我办好离职手续，去了大阪。

这个突然兴起的动机，是否类似于“单纯想学一门手艺”这样的想法?
说单纯也单纯，就是想做点儿什么。不过，那种“不知该做什么”的不安感很强烈，让我痛苦了差不多一年。

您是本来就对与饮食相关的事情感兴趣吗?
这回答可能听着不太轻松……妈妈死得早，所以，从中学开始，很自然地，我必须进厨房干活。对我来说，做饭是件平常事。说我想把这点发扬光大也行，我就是在琢磨以后自己能干什么，心想，不如把“一直在做菜”这事再精进一下。当时，我就职的公司经营状况良好，我对工资和人际关系都没有不满。但是，那段时间，心里就是觉得走来走去都是死胡同。

没去同属关东的东京而是去了大阪，有什么缘故吗?
莫名对大阪腔有兴趣（笑）。虽然东京也有同样的学校，但我还是选了大阪。

学这个，是给自己开店做准备吗?
没，根本没这念头。朦朦胧胧的，就想“发扬”一下吃这码事。之后，花了一年时间拿到技术专业知识证书。不过，毕业后得自己去找对口的工作，因此，在毕业后的六七年，我在传统日料店和老式咖啡店等各种地方做过兼职。

第一次去的是哪家?
大阪一家家常菜馆，家族式经营。

不去“咖啡店”，更倾向于选择“餐厅”来兼职吗?
是的。不如说，我就没在咖啡店做过。啊，不过，在老式咖啡店做过。

是在后厨干活儿吗？

不是，那家店很小，所以，前后都得照应着。

那时候，也没以开店为目标，只是一门心思地做那份工作？

是啊。那段时间还要去学校上课，忙得很。再说，我一个茨城乡下人，突然跑到大阪，生活得很费劲（笑）。说那里都市感太强也行，人和事速度都很快，不是吗？他们说话、走路的方式，我全都跟不上……后来又搬到了京都……这家搬得真远啊。

京都很舒服吧？

是啊。虽然夏天很热（笑）。

来京都后，还是做饮食业这行？

是啊。白天在一家老式小咖啡店打工，晚上在一家餐馆里做兼职。

那时也没有展望未来，就把这些活儿看成收入来源？

对。我嘛，比起闲着不动，更喜欢做点儿什么。不过，我不擅长接待客人。也烦恼过，不知道自己要怎么做服务业，所以，在开店这事上没什么积极性。隔着柜台跟客人聊天，我是相当不乐意的。

想开店，这不是一道首先要克服的难关吗（笑）？

直到现在，还有客人对我说："你还真是不擅长待客啊。"

既然您是这样的个性，那店又是怎么开起来的呢？

真的是顺水推舟……忘了当时是在京都住的第几年，反正一直跟公司同事合租，租的房子和现在这店面一样，是长屋中的一间。住着住着，她突然说要结婚。这可怎么办？是找个新室友，还是搬家？边考虑边把数量惊人的家具物件看了一遍，也找过普通的一人公寓想租，但是，离她走的那天越来越近，我是解约搬走还是续约继续租，必须得有个决断。最后，我一咬牙一跺脚（从年龄上讲也到了该下决心的时候），心想，把这里规划一番也是选项之一嘛。最初，房东跟我说，这里的家具物件没办法用来开店。谈到后来，可能倔劲儿上来了，我就觉得这里好，就想在这里开店，我就去符合自己心目中"家庭式咖啡店"印象的店里拍照，收集资料。

当时就有做町家咖啡店的想法吗？

与其说是町家，不如说想做类似于"长屋中的门脸铺子"。我去过大阪和奈良，东京也有类似的店，去拍过照，跟店主聊过。

给房东看的提案资料，妥妥地备好了啊（笑）。

嗯，把那些提交给了房东和房产中介，谈了好多次，总算得到首肯。当时，为贯彻自己的想法，给人家添了很多麻烦。

对了，当时您多大？

已经三十出头了。

我就想在榻榻米上开咖啡店

【2】

菜单里有饭食呢。

其实是因为客人问过“为什么不卖饭？”，所以店开到第二年时我就将饭食加了上去。最初想把店做成不经营饭食的老式咖啡店，但当时这附近没什么吃饭的地方，我就想，如果卖卖咖喱饭，会不会比较好？后来，光有咖喱饭又被人问“没别的吗？”，我就想，要不再加点儿别的？于是，菜单成了现在这样。

贵店开起来时，正值町家咖啡店发展初期，您开得相当早。不过，选择在这间屋子里开咖啡店，到底为什么呢？

也有被逼到走投无路的因素吧（笑）。这么宽敞的面积，只用来居住未免太可惜了。另外，我父母是做建筑相关工作的，小时候他们就带我去过各式各样的现场，我本来就对建造房屋的过程和房屋本身感兴趣。啊！说起这个，我在这里见过很多家具物件。从某种程度上说，其中有些东西，就算需要加工才能用，一样是好东西。

您自己加工改造吗？

是啊。当时，这里的墙壁和天花板被其他东西遮得严严实实，看着很别扭，干脆全拆下来了。

没让专门干这活儿的人来做？

跟上下水有关的部分，房东帮着弄好了，其余的自己弄。

咦！好厉害。

也有弄得不太好的地方。不过，这里本来就很漂亮，墙上涂的灰浆保持得很不错。

难道您一个人把活儿全做了？

差不多吧。当时有个认识挺久的朋友，也帮我做了些。

这里原本是用来做什么的？

合租房，租给学生们。附近居民改建房屋时也会来这里暂住。

虽然加工改造过，但没有做成现代风，这里最独特的氛围就在于此。如今，一说起装修，大部分人都会铺木地板或铺那种穿鞋就能踩的地面，不是吗？来到这里，与其说是进了一家店，更像是到别人家来做客。装修时，确立过明确的视觉概念吗？

大阪有家店气氛很好，我很喜欢，就想在榻榻米上开家咖啡店。那家店夏天都不装空调，只吹电风扇，令人震惊。乡下都不会有这种做派啊！感觉很有意思。在专修学校上学时，同学们都是十几岁的孩子，去过她们常去的店后，自己也迷上了。

您在后厨做过事嘛，我以为您多半会开“吃东西的店”，但是您却开了家咖啡店。

是啊，开餐厅的话，感觉很难经营好。

肯定想过要通过“在这里开店”维持生计吧？

是想过。不过，初期只靠这家店过日子还是不行，所以就边打工边经营。

开业那天我就过来了。不过，印象中那天真是热得要死（笑）。

开业的日子是一位特别关照我的人定下的，是已经蛮热了（笑）。

不跟她们说话 她们就会念叨我 “做生意就得会说话呀” 【3】

这附近真算是京都小巷了，您熟悉当地情况吗？

不熟，完全不了解。

这么说，刚开始来的客人都是本地人？

是啊。直到现在，还有些老客户会光临呢。

对了，这里没设柜台对吧。客人的位子给人的感觉是，不跟客人交流的话，从来到走，主客之间的交谈就会少到只剩必须要说的那几句话。

我是刻意这样做的，我觉得自己在聊天上不行。不过，可能是民风的关系吧，上了年纪的人跟我聊得越来越欢了。“你是哪里人啊？”“你为什么要开店啊？”等，会问各式各样的问题，我又不能不答，就一个一个解释，跟客人们说了很多事，就这么熟起来了，挺自然的。客人里也有耳背的，不跟她们说话，她们就会念叨我，“做生意就得会说话呀”（笑）。我也是一点点地熟悉了这片叫作西阵的地方……

在对话前，会推断客人的身份阶层吗？

完全不会，我一直都是跟着感觉走。刚开始，对方也是一头雾水。客人会说，不明白我开的是什么店，这我理解。“要脱鞋吗？”“坐在哪块地方喝？”从迈进门到喝上口咖啡，客人要跟我扯上好久（笑）。我也战战兢兢的，心里嘀咕：应该怎么做？这时上这个行不行？这样好不好？差不多有一年吧，一直都这么自己摸索。

没有灰心丧气的时候吗？

头三年连灰心丧气的时间都没有，总被各种事务缠身，事情真是要多少有多少。

被年长者的聊天热情牵引着什么的，果然给人一种“被西阵这片地方拉着融人”的感觉啊。要是在年轻人多的地区装模作样地开店，却跟客人一点儿真心交流都没有，大概是另一番感受吧。或许会开不下去。

是啊。一起参加社区会议、参加地藏菩萨的祭典，以前从未体验过，可能是京都特有的风土人情吧。

开业那天客人都来了吗？发传单了吧？

算是发过吧（笑）。开始来的都是熟人，也有从他们那里听说这里有家店特地远道而来的人。再就是附近的人，时不时过来。

那时还做着兼职的吧？

嗯。你想，一杯咖啡350日元，得卖多少杯，才能付房租？刚开始只放了四张小桌，客人略多起来后，才加了第五张、第六张。

经营得相当随性啊。不过最终还是辞掉了兼职、全心全意地操心这边了吧？

是啊。能专心顾这边固然好，但也做好了随时去兼职的心理准备。拖拖拉拉地，一直没定下来哪天关门休息，这店就一直七日无休地开着。

竟然无休！

对顾客数、客单价这类经营方面的东西，我真的完全没规划过。

精心计算怎么经营反而关门大吉的也大有人在。这次做这本书，受访的各位在这个问题上基本都是优哉游哉型（笑）。数据的确很重要，但如果坚持“数据为王”的不是企业而是个人，精神上反而很容易被其压垮。特别是从事“给大众提供舒展心灵的空间”这类职业的人，心境如何很重要。有个轻松的开始，或许才能做得长久。

我也没设定过“要把这店开到哪天”。一年过去了，然后是第二年、第三年，就这么开到现在。

什么时候开始，能仅靠这家店的收入来维持生活？

大概从第三年开始，就实打实地开始赚钱了。

因此，认知上也起了变化？

说“解脱了”也行，人松了口气。感觉好像有自信了。

听您聊了这么多事，我觉得，比起未来，您是那种更专注于“当下”的人呢。

是啊。可能是被至今为止所处的环境所影响。不过，突然辞职不做OL（白领），而跑去大阪啦、开咖啡店啦，这类想做的事突然浮现在心中时，我就抑制不住冲动，一定要去做，这种性格也影响着我吧。

咦！怎么会？店都开十年了，性格已经稳定下来了吧？

未来怎样，无法预料。现在依然会想东想西哦（笑）。

二〇〇三年六月十一日开业
店主 吉原三千代

向阳处的招牌单品

牛奶奶昔

我回想起小时候去过的、
开在老家车站前的咖啡店里
卖的牛奶奶昔，
刚开店就把这个加进了菜单。

鸡蛋加牛奶，成分简单，老式做法，
似乎还带些黑糖糖浆的味道。

下次想试试甜瓜冰淇淋苏打水。

のみもの

キャラメルティー	400円
よもぎ茶	400円
みるくコーヒー※	400円
ほうじ茶オーレ※	400円
くろみつきなこミルク※	430円
ひだまりミルクセーキ	430円
ホットチョコレート	450円
ホットチャイ（ジンジャー・シナモン）	450円
グレープフルーツアイスティー	450円
青森のりんごジュース	450円
プリンシェイク	450円
クリームソーダ	450円
ぽんかんジュース	450円
みしまサイダー	450円
豆乳ラッシー	450円
ミックスジュース	500円
おいものシェイク（バニラアイスのせ）	500円

※つめたいのみものの場合はプラス30円いただきます。

コーヒー

ブレンドコーヒー 350円

アイスコーヒー 400円

コロンビア・スプレモ 400円

モカ・エチオピア 450円

おやつ

はちみつのカステラ 350円

メイプルシフォンケーキ 400円

お抹茶ティラミス 400円

かぼちゃのベイクドチーズケーキ 400円

あずきのチョコレートケーキ 400円

あったかいおやつ

豆乳くずもち（くろみつかけ） 400円

おぜんざい（玄米おもち） 500円

みつまめパフェ 650円

饮料

焦糖茶（可选原味或加奶）	400日元
艾叶茶（味苦）	400日元
牛奶咖啡 ※	400日元
焙茶欧蕾 ※	400日元
黑糖豆奶	430日元
招牌牛奶奶昔（加生鸡蛋液的冷饮）	430日元
热巧克力	450日元
印度热香茶（含姜和肉桂）	450日元
西柚冰茶（西柚汁加冰红茶）	450日元
青森苹果汁（也可做热饮）	450日元
布丁奶昔（上面加香草冰淇淋）	450日元
奶油苏打水	450日元
椪柑汁（比蜜柑汁更浓，略带橘皮的苦味）	450日元
三岛碳酸汽水（青森县八户市当地汽水）	450日元
印度酸奶加豆浆	450日元
混合果汁	500日元
（红薯）薯味奶昔（上面加香草冰淇淋）	500日元

※ 冰饮加收30日元

咖啡

拼配咖啡	350日元
冰咖啡	400日元
哥伦比亚特级	400日元
埃塞俄比亚摩卡	450日元

甜点

蜂蜜味长崎蛋糕	350日元
枫糖戚风蛋糕	400日元
抹茶提拉米苏	400日元
热烤南瓜芝士蛋糕	400日元
红豆巧克力蛋糕	400日元
豆浆葛粉糕（浇黑糖汁）（这道是热的）	400日元
小豆羹（带年糕片）	500日元
什锦帕菲	650日元

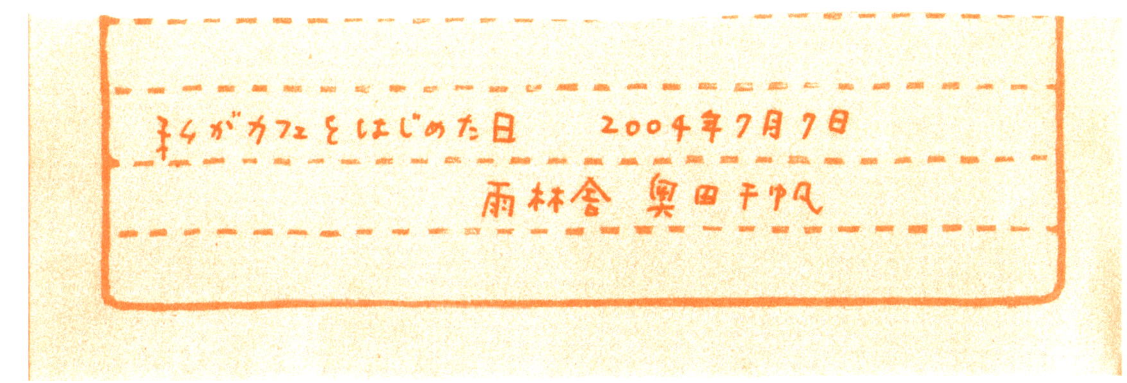

我开咖啡店那日／2004年7月7日／雨林舎／奥田千帆

雨林舍

京都市中京区西之京小仓町22－12
电话：075－822－6281
营业时间：11：00—18：00
休息日：每周周一、周二

当初去“雨林舍”时，因并非初次上门，我就坐到了吧台前。本想欢乐尽兴地聊一聊，不料店里正忙着，结果没说上几句话。后来跟店主奥田千帆女士玩笑般地说起此事时，她懊恼不已，低头致歉，说刚开店那会儿经常太忙，照顾不周。不过，我倒觉得，这家店拥有不向任何人谄媚的独特美感。当时，弟弟顺平还在店里工作，他那独一无二的、王子般的做派和千帆那既坚韧又充满知性幽默感的性格相得益彰，店内洋溢着一种奇妙的说服力。那时，我不由得折服于奥田姐弟俩能够在现代雅致和古典情怀中取得平衡的好品位。

现在，千帆和来打工的店员负责打理店里。店开到第十个年头，经营日趋稳定。当年，这片地方什么都没有。十年间，店铺、学校、车站、商场大楼，都建了起来。与“做事有先见之明”不同，千帆女士依灵光一闪的“直觉”而动。她那若隐若现的强大内心，就隐藏在本篇访谈中。

↑姐姐奥田千帆

↑弟弟奥田顺平，现任西阵一家古书店“KARAIMO BOOKS”的店主

（HOHOHO座）
您本来就是京都人吗?

（雨林舍）
对，生在堀川丸太町。

开这家店之前，您是做什么工作的?
做点心……我在西点屋上班。

正式职工?
是。

哦，高中毕业后去的吗?
大学毕业后。不过嘛……毕业后我闲晃了两年左右。

在大学里过得开心吗?
大学啊……（思考片刻）不知道（笑）。不过，记得自己上课时总是困得不行，当时要是努把力好好学习就好了（笑）。

对了，读的什么专业?
哲学……

哲学！当时也没想以后会开咖啡店吧?
对的，没想那个。本想当护士来着。

那后来方向怎么就变了呢?
我本来就喜欢做点心。入职前，每个月跑一次东京，去学习做点心。

特地跑到东京学习做点心，没有超大动力可办不到啊。
当时特别有动力。去东京学比去专修学校投入大多了，不能失败。

这么来回跑，学了几年?
两年，那边的课程能把人培养得非常专业。

打算当西点师傅，所以把这当作前进的方向之一吗?
不是，去西点屋上班是个偶然。当时我叔叔正好开了家西点屋，我心想，去帮帮忙也不错，就进了他的店。

那么，您初次接触“提供食物”的工作，就是在西点屋时吧？

是，做得很开心。虽然每天做的事都一样，但心情不一样。每次兴起自己开店的念头时，就想开咖啡店或老式咖啡店，平易近人、日常可见的那类就很好。所以，我从叔叔的店里辞职出来，想体验些不一样的东西。

这么说，论起开咖啡店的经验……您是从西点屋直接跳到了雨林舍啊（笑）！

对的（笑）。

开店基本经验为零，对吧？不过，我也是这样。店开起来后，脑子里记了很多其他书店的结构和经营方法，很多时候，都是边开店边学习。从西点屋辞职到把店开起来，大概花了多久？

一年半吧。辞职时，正在交往的男朋友刚好也甩了我，整个人毫无干劲。我放空自己，想悠闲一阵子，但好像……让家人担心了。

是家里人觉得必须要做点儿什么才行吗？

爸爸说，要是我想做点儿什么就借钱给我，催我做；哥哥说很支持我；弟弟说要来帮忙；建筑师之类的人也来找我。条件好像都凑齐了，我心想，那就开始着手吧。

找店面费时间了吗？

没，刚考察到第二家，就决定要这里了。好快（笑）。

了解这家店附近都是什么情况吗？

不了解（笑）。

如今这里叫“二条那片儿”，挺繁华的，可当年这里什么都没有，对吧？直接定下在这里开店，有什么原因吗？

当年是那样，不过BiVi（二条车站前的商场）已建好，快营业了，这个我知道。选这里，可能很大原因是因为我在工作上一向遵循自己的步调，以及对繁华大街没什么兴趣。刚开始还把这里当成住所来着。

这么说，并没有对这一带特别执着？

完全没有。

从租下这里到正式开张，花了多长时间？

一个半月吧。

好快（笑），基本上都是一锤定音啊。着手开店时，做了很多准备工作吧？要给店取名，要决定装修风格、菜单、店内布置的整体色调，等等。

现在想想，不认真考虑这些真不行啊。当时什么也不懂，稀里糊涂的。内装方面倒是没做什么大改动。负责此事的设计师跟我弟是好朋友，我跟我弟的品位也基本一致，所以只交代了一句“店里看起来昏黄舒适就行”，其他的，任由他们发挥。

做出您理想中的咖啡店了吗？

……（沉默良久）唔……可能吧……不过我的确喜欢宽大的桌子。

比起只设吧台式桌椅的单间，更喜欢宽敞的空间？

那样的比较好。现在我好歹能跟客人聊天了，刚开始根本不想聊（笑）。

要是有人说句“东西很好喝”呢？

那当然很高兴啊。不过，聊天到底不是我的强项。

“你们默默吃就行了！”（笑）

咦！倒也没那么想。我是不知该跟人聊什么。

本来就不擅长与人交流的人开咖啡店，乍一看挺出人意料的，但或许只有这样的人才知道自己的归宿在哪里。比起话语，可能更希望通过自己端出来的蛋糕或面包与人交流吧。

就算到了今天，我还是不喜欢和不熟的人聊天。

从结果上说，您成了一店之主。是这样吧？

我喜欢老式咖啡店，但是，我没想过要自己站在柜台后和人说话（可能是没开店前的自己太幼稚）。一个人消磨时间时，喜欢去咖啡店或老式咖啡店。我又不想去做公司职员，说开店为自己的就业问题着想也行，总之，会有这结果，是考虑过人生该怎么走做出的选择吧……

随着条件慢慢成熟，店才最终开起来。 【2】

您本来想当一名护士，这个目标从什么时候开始变了呢？

妈妈是护士，我就和她说，我高中毕业后也想当护士，她强烈反对。她说："十八岁跑去念护士专业，然后当上护士，这样的人生一点儿意思都没有。总之，你先上大学，大学毕业后再考虑要干什么。"

那么说，您是在上大学期间发现自己对餐饮业产生了兴趣？

……唔。在好几个地方打过工后才产生了这念头，不过，也是随着条件慢慢成熟，店才最终开起来。

为什么选择町家房屋来做店面呢？

我觉得气氛不那么明亮，给人感觉更好些。

为什么选择在七夕那天开店？

刚好过几天就是七夕，就顺势选了那天。

这可能是个老问题了，店名有什么含义吗？

没什么含义。音译字。

那是对某些日语词汇比较执着？

啊，"雨"是我选的，我弟选了"舍"，但"雨舍"合在一起怪怪的，我弟就想出了"雨林舍"三个字。

二楼有时会办画展，还会定期举办艺术讲座，开始就设想过要做这些吗？

不知不觉就发展成了这样……

有种说法是，家庭环境的熏陶可以培养出一种叫品位的东西。对这个事，您怎么看？

小时候爸妈从来没带我去过游乐园，尽去寺庙了。

我觉得，大体上说，初高中那段时期，人都会形成审美意识，会想"我喜欢这个"，思想大多会固定下来。您有吗？

咦！我那会儿都做了什么呢？（沉默了好一阵）……上中学时，特别爱看《绿山墙的安妮》。爸爸喜欢民间艺术，我也喜欢上了。他还喜欢咖啡，不上班的日子跟哥哥弟弟一起磨咖啡豆。妈妈喜欢吃面包和点心，会做热松饼，所以，我吃过几次，也让她教我做过几次。

一句话概括，雨林舍的"根"，就是双亲给予你的巨大影响，对吧？我跟令弟经营的古书店"KARAIMO BOOKS"也有生意上的来往。看着你们奥田姐弟俩，我总能感受到那种独特的审美意识。比如抗拒张扬的事物，比如关心本地固有的区域性问题。这些地方，也是受父母影响吗？

他们都是喜欢发表意见的人，也经常看报。

您父母偶尔会来我的书店里逛，买过不少讲社会问题的书籍，倒是没买过女性感兴趣的、跟咖啡店有关的书。

但还是会关心这方面的东西吧。

比起端出与众不同的东西，更想端出热松饼。 【3】

在町家房屋里开咖啡店，这风气是2004年左右才兴起的吧。

不过，我没想把这里做成町家咖啡店，所以铺了木地板。

还记得开业那天的情况吗？

正式营业前两天做过试营业，当时朋友们都来了。店门前就是小路，行人平时在这条路上来来往往，所以，附近住户也来了。

当时这片儿还有其他店吗？

没了，就我一家。

对吧？当时这附近还什么都没建呢。这么说，开店当天就满堂彩啦。

是啊。

不会忙到晕头转向了吧？

会啊，都忙晕了（笑）。

现在的菜单跟当初的一样，没变过？

当初菜单上的东西少些，没有饭。

还记得第一位客人是谁吗？

打过照面的一对母子。现在我们已经是好朋友了。

从什么时候开始，形成了所谓“店上了轨道”“店上不了轨道”之类的意识？

唔，刚开始我还住在二楼呢，一日三餐也是自己做，过得凑凑合合，没想那么多（笑）。

令尊是不是猜中了您的心事呢，所以显示出“就让这孩子开店试试看吧”的态度？一般情况下，家长会持反对意见啊。跟令尊提过想开店的事吗？

没提过。爸爸直接通过哥哥表达了“开家店怎么样”的意思。

或许我该采访一下令尊（笑）。

爸爸什么都没说，也没干涉我，就是老拿“劳碌命千帆的小店繁盛记”来形容我开店（笑）。

不管开店的契机是什么，这家店在绝大部分咖啡店倒闭的现实中经营到了今天，这是不可忽视的事实。

开店第一年，我家好像上过不少杂志。

堀井和子（注1）女士也推荐过您的店呢。

之后就一口气忙了起来，可累了。

跟刚开始令弟还在店里帮忙时相比，现在店里的气氛略有些不同呢。

那时候，就算我不出声招呼客人，顺平也会招呼的。

那时的他有种绚烂夺目的气质。比方说，他会戴上自己编的帽子站在店里，会在店里跳踢踏舞，怎么形容呢，看他有种看王子殿下的感觉。

他是特别招人喜欢。不过，经常有人跟我说，很难相信这店是姐弟俩开的。虽然，从形式上讲，是我雇了我弟来帮忙的。

店里的招牌热松饼似乎是令堂亲自传授给您的，最开始就打算把这个摆上菜单？

嗯。比起端出与众不同的东西，更想端出热松饼。

一直没涨价？

不，没能维持住，涨价了。蜂蜜的价格涨了好多，鸡蛋和砂糖的也涨了。孩子们也会来吃这个嘛，以前用的原料引发过某些孩子的病症，因此这也换那也换，最后所有东西的价格都一点点上涨了……

虽说没看到什么打算认输的苗头，但也没感受到拼死拼活也要把这店开下去的劲头？

不不，有的有的。我没想关店。不过，一到三月份，大家就会对我说“我要辞职啦”，或者“我要转行做别的啦”。虽然也会说“京都有雨林舍嘛，以后我一定再到京都来”，但我还是很伤心。我就想，我要搬家，离开京都（笑）。

想主动对别人说再见？

每年都会觉得好不甘心（笑）。

讨厌京都？

也不是……虽然有不喜欢的地方，但我又没在京都其他片区住过，说不上讨厌。

就想有个搬出京都的经历？

不知道啦（笑）。

很“京都人”的回答，多谢。

二〇〇四年七月七日开店
店主 奥田千帆

注1　堀井和子：美食潮人，“咖啡女子”们的时尚教主。

雨林舍的招牌单品

热松饼

黄油和蜂蜜静静地
躺在饼面那漂亮的焦痕上，
一张简单的热松饼。

“小时候，
星期天早上，
妈妈经常做这个给我吃。”

看来热松饼并不是多特别的东西，
是非常非常平易近人的食物。

水・土・日

ホットケーキ　S（1枚）350　W（2枚）700

以下から塗るものを1つ選んでください

→ハチミツ・ラズベリージャム・ヌテラ（チョコとヘーゼルナッツのペースト）

ホイップクリーム+50

アイスクリーム　+100

きまぐれケーキ　450〜　（黒板を御覧ください）

＊ホットケーキ・ケーキのご注文は飲み物と一緒にお願いします（セットで50円引き）

オリーブオイルと塩のトースト　500（パレスチナのオリーブオイル）

まぐろディップトースト　550（ツナ、たまねぎ、マヨネーズ）

はちみつトースト　550

タプナードトースト　500（黒オリーブ、アンチョビ、バジル）

油みそトースト　チーズのせ　520（野菜と炒めた甘めの味噌の上にチーズ）

シナモンバナナトースト　600

チーズトースト　650（グリエールチーズ）

アボカドトースト　650（アボカド・柚子こしょう・チーズ）

食パンは自家製の酵母パンです　トーストと飲み物をセットで注文の場合は50円引きです

＊クロックムッシュ　750

（食パン2枚にホワイトソース・ハム挟んでチーズをのせてオーブンで焼きます）

＊クロックマダム　800（クロックムッシュの上に目玉焼きをのせます）

＊自家製カレーライス　750（家庭の味です　甘め）

＊きょうのごはん　800

＊以上は、お飲み物とセットで100円引きです　玄米は熊本産　白米は国内産（西日本）

コーヒー　　　　　　　４５０
アイスコーヒー　　　　４５０

コーヒー券あります　１１枚４５００円　（コーヒー・紅茶に使えます）

カフェオレ（ｉｃｅ／ｈｏｔ）　　　　　５００
ウィンナーコーヒー（ｉｃｅ／ｈｏｔ）　５５０（ホイップクリームがのっています）

グランマニエコーヒー（お酒）　　７００（グランマニエ、濃いめコーヒー、ホイップ）
ホットチョコレート　　　　　　６５０

紅茶（ｉｃｅ／ｈｏｔ）　　　　　　４５０
ロイヤルミルクティー（ｈｏｔ）　　７００

自家製ジンジャーエール（ｉｃｅ）７５０　／（ｈｏｔ）ホットジンジャー　６５０
アップルジンジャー（ｉｃｅ）　８００　／　（ｈｏｔ）　７００

りんごジュース（ｉｃｅ／ｈｏｔ）　　５５０
ゆずジュース（ｉｃｅ）　　　　　　　５５０

ホットワイン　　　７５０（赤ワイン、スパイスなど）

エビス　　　（小瓶）５００　／（中瓶）７５０
バスペールエール　　６５０
バナナラム　　　　　６５０（ラム、バナナ、シナモンを漬けました　こっくり甘いです）
シャンディガフ（ジンジャーエール＋ビール）　８００

その他のお酒はあるかもしれません　お尋ねください

周三・周六・周日

热松饼 S（1张）350 日元　W（2张）700日元
请在以下浇汁中选择一种
→蜂蜜 / 覆盆子果酱 / Nutella（榛果巧克力酱）
鲜奶油 +50日元
冰淇淋 +100日元

当日蛋糕　450日元起（请看告示板）
＊请在点热松饼或蛋糕的同时下单饮品（同时下单优惠50日元）

橄榄油咸吐司	500日元（巴勒斯坦橄榄油）
金枪鱼沙司吐司	550日元（金枪鱼罐头、洋葱、蛋黄酱）
蜂蜜吐司	550日元
橄榄酱吐司	500日元（黑橄榄、鳀鱼酱、罗勒）
油味噌吐司	520日元（在蔬菜和炒过的甜味噌上放芝士）
肉桂香蕉吐司	600日元
芝士吐司	650日元（格鲁耶尔芝士）
牛油果吐司	650日元（牛油果・柚子胡椒・芝士）

面包片来自手工自制酵母面包（吐司和饮品同时下单优惠50日元）

＊法式热三明治吐司　750日元
（用两片面包夹白酱和火腿，再在面包片上抹芝士，上烤箱）
＊法式热三明治吐司加蛋　800日元（把煎蛋铺在法式热三明治吐司上）
＊自家制咖喱饭　750日元（家庭风味/甜）
＊当日主食　800日元

＊上述餐品与饮品同时下单优惠100日元[玄米为熊本产，白米为国产（西日本）]

咖啡	450日元
冰咖啡	450日元

咖啡券 11张4500日元（可用于咖啡或红茶）

咖啡欧蕾（ice / hot）	500日元
维也纳咖啡（ice / hot）	500日元（咖啡表面装饰鲜奶油）
金万利香橙咖啡（酒）	700日元（含金万利香橙酒、特浓咖啡、鲜奶油）
热巧克力	650日元
红茶（ice / hot）	450日元
英式皇家奶茶（hot）	700日元
自制姜汁汽水（ice）	750日元 / （hot）姜汁热饮 650 日元
苹果姜汁水（ice）	800日元 / （hot） 700 日元
苹果汁（ice / hot）	550日元
柚子汁（ice）	550日元
热红酒	750日元（含红酒、香辛料等）
YEBISU啤酒	500日元（小瓶） / 750日元 （中瓶）
BASS发酵啤酒	650日元
朗姆香蕉	650日元（用朗姆酒、香蕉、肉桂腌渍而成，香甜入味）
Shandy Gaff（姜汁汽水兑发酵啤酒）	800日元

店内可能储有其他酒类 敬请咨询

本书中给出的店铺菜单及定价均为采访时的实际情况。现在菜单可能有所不同。

我（临时）开咖啡店那日

店主 片冈步美

在采访奥田千帆的过程中，我听说正在雨林舍打工的片冈步美女士会在“雨林舍”打烊休息的日子里做一日店长，开门营业。我想，我们可以借由这活生生的“我开咖啡店那日”的景象，来了解她的内心世界，就前来叨扰，对她做了一整天跟踪式采访。

当日流程

二〇一三年 七月七日（周日）晴朗
KATA CAFE
片冈女士・山极女士

11点30分	开店，不慌不忙地做准备
12点	客人一点点多了起来
13点	第一次用餐高峰
14点	很多朋友到店支持 ＊ 咖喱饭卖完
15点	第二次用餐高峰 ＊ 店内客满
16点	用餐人数持续高峰 ＊ 冰淇淋卖完 ＊ 又烘了一批咖啡豆
17点	悠闲时光 ＊ 大多数客人在开心地聊天（长时间在店）＊ 每日套餐结束供应 ＊ 店员们稍作休息
18点	来参加专题研讨会的人把二楼挤得密不透风
19点	结束营业，有人来临时帮忙，打烊

开门前的心境

（HOHOHO 座）

有咖啡店相关工作经验吧？

（KATA CAFE）

在别的咖啡店做了差不多十年。

做饭方面怎么样？

除在这里工作外，也在副食品店兼职，学了不少。

东西准备得充分吗？

应该还可以。

菜单方面，是从最基础的开始供应啊。为了今天顺利做好，是不是练习过？

跟千帆姐（雨林舍店主）商量过这事。我老是犹豫要不要来做，她就推了我一把。

像是在说“犹豫什么呀！”（笑）今天的“当日套餐”是拿手菜式吗？

是的。是用醋调味的西班牙风味炖肉，类似用柠檬汁腌制的做法。

紧张吗？

两三天前一个人做准备时又累又烦（笑），昨天和今天一忙起来，还是挺开心的。

踏上舞台就胸有成竹的类型呢，像女演员一样。这次是自己提出要做的吗？

千帆姐要去旅游，去前问我：“要不要做做看？”

托付和被托付，两位都很果断啊。这是要给客人“某天来店一看，店里大变样”的感觉吧（笑）。想过以后自己开店吗？

想过啊。我觉得千帆姐就是知道我有这想法，才让我做“一日店长”。

店里其他员工也能参与进来吗？

能。平时一起在雨林舍工作的人马上就到。

今天营业到几点？

晚上七点。

加油啊。真忙不过来的话，我帮您刷盘子。

打烊后的心境

一句话，做“一日店长”什么感觉？

开心。

您平时就在店里嘛，看您干活，觉得很熟练。实际上做店长是怎样呢？

很花时间。平时按千帆姐的意思做事，今天大事小事都得自己决定，感觉完全不一样。

有一阵店里客满了，忙坏了吧？

是啊。人还挺多。

说得跟事不关己似的（笑）。不过，菜单上的东西全卖光了吧？来的熟人多吗？

大概一半是认识的人。

有没有专为雨林舍而来的人？

有些是，不过解释了一下后她们就进门了。

以后还想做“一日店长”吗？

想。不过也担心，要是变成正职天天做就有点儿……

确实，体验一天跟每天都做，感觉相当不同，自己的生活都要跟着走……今天有做得不好的地方吗？

热饭花了好长时间，做各种准备花的时间也比预想的长。平时旁观别人做跟自己上手做，感觉真是天差地别。

具体而言，跟整体预想的差在哪儿了呢？

能做得再游刃有余点儿就好了，能节省不少时间。没想到还没撑到打烊，有的东西就卖光了。

下午两点咖喱饭就卖光了吧。自己当店长，有没有什么事是用跟平时在雨林舍干活时相同的步调来安排的？

这个嘛……最初打算让自己的好朋友也来店里坐一坐，不过，现在看来，不这样反而好，来了才安排不开。

还真是，店里那种独特的步调，也不是立刻就能领悟到的。哎，您这是青出于蓝而胜于蓝了（笑）。不过，千帆也是个内心强大的人啊。

之前，我跟千帆姐说，我要是开咖啡店，就一个人干。她说：“一个人做事比你想象中的孤独得多哦。”开店前某天夜里，我一个人静悄悄地准备着，不知怎么回事心情突然压抑起来。我扔下手里的活儿骑上自行车在附近转了转，转换了一下心情，那时候就明白了，啊，孤独就是这种感觉啊。

现在心情怎么样？

想快点儿收拾，好打烊，再好好回味回味今天达成的“成就”！

您辛苦了！

二〇一三年 只在七月六日、七日两天营业
店主 片冈步美

食べ物

今日のごはん 800円
・アドボ ・サラダ
・赤キャベツの甘酢漬 ・白米か玄米
・オクラのスパイス炒め

バターチキンカレー 750円
・サラダ付

サンドウィッチ 700円
・かぼちゃのサブジサンド・サラダ付

デザート

キャロットケーキ 400円
サワークリームのせ

ミルクビスケット 400円
生クリーム・ジャム付

桃のアイスクリーム 400円

キャラメルムース 350円

ドリンク

コーヒ	(HOT/ICE)	450円
カフェオレ	(HOT/ICE)	500円
ウィンナーコーヒー	(HOT/ICE)	550円
紅茶	(HOT/ICE)	450円
チャイ	(HOT/ICE)	650円
ラムチャイ	(HOT/ICE)	700円
新生姜のジンジャエール		750円
ホットジンジャー		650円
プラムジャムソーダ		750円
りんごジュース		550円

ドリンクは食べ物と一緒で100円引き
デザートと一緒で50円引きになります。

今日は雨林舎はお休みなので
ホットケーキはありません。

本书中给出的店铺菜单及定价均为采访时的实际情况。现在菜单可能有所不同。

简食

当日套餐	800日元

- 西班牙风味炖肉
- 沙拉
- 腌糖醋紫甘蓝
- 白米饭或玄米饭
- 香炒秋葵

黄油鸡块咖喱	750日元

- 带沙拉

三明治	700日元

- 南瓜三明治带沙拉

甜品

胡萝卜蛋糕 奶油西米露浇汁	800日元
牛奶饼干 配鲜奶油或果酱	400日元
蜜桃冰淇淋	400日元
焦糖慕斯	350日元

饮料

咖啡（HOT/ICE）	450日元
咖啡欧蕾（HOT/ICE）	500日元
维也纳咖啡（HOT/ICE）	550日元
红茶（HOT/ICE）	450日元
印度红茶（HOT/ICE）	650日元
朗姆酒奶茶（HOT/ICE）	700日元
鲜生姜榨汁汽水	750日元
鲜生热饮	650日元
梅子酱苏打水	750日元
苹果汁	550日元

饮料与套餐同时下单优惠100日元
与甜品同时下单优惠50日元

今天雨林舍不营业
因此不供应热松饼

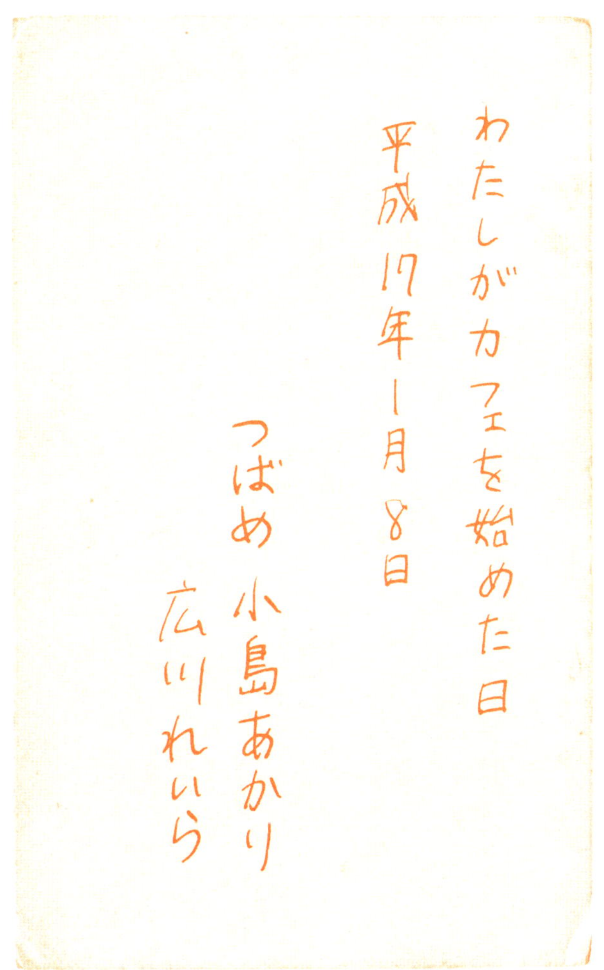

我开咖啡店那日／平成十七年一月八日／燕子小岛 Akari／广川 Reira

燕子咖啡和定食

京都市左京区一乘寺払殿町50－1
TEL：075－723－9352
营业时间：11：30—20：30
休息日：每周周日

＊平成十七年为公元2005年。

从左至右，分别为广川Reira女士、小岛Akari女士

其实，这家“燕子”，我一次都没去过。但名号跟地址是知道的。

我知道它开在左京区门面地段的一乘寺。之所以没去，是因为店名念起来让人不禁有种“店内坐满身着亚麻质地或横条纹图案衣服的女士们，没人欢迎我这种灰头土脸的男人上门”的联想。借由这次采访，我第一次了解到广川 Reira 女士和小岛 Akari 女士的想法。跟广川聊天时，从始至终，我都能感受到那股严谨的氛围：外在和蔼可亲，内心深处坚韧不拔，克己慎独。毕业于艺术大学的两位女士骨子里存有坚定信念，这次采访中她们仿佛只是接受了我那自说自话的联想，没太当回事。作为被联想的当事人，她们既没有肯定，也没有反驳。她们不过是在探索如何使自己的生活安定、如何提高生活质量。我认为，她们之所以有众多追随者，根本原因就在于此。

想一辈子从事自己喜欢的职业，
大概是这么想的吧。

【1】

（HOHOHO 座）
首先，想问问两位的籍贯。

（燕子）
我（广川 Reira）生在滋贺县，我搭档（小岛 Akari）生在广岛。

从滋贺县高中毕业后就上了大学？
毕业后去了京都市立艺术大学。

这么说，升学方向是艺术专业？
是啊。我父母是陶艺家，我想我大概做不了一般的工作。想着学艺术应该挺开心，就去了艺大。重考两次，二十岁时考上了雕刻专业。

那时是朦胧地想着“将来立志吃雕刻这碗饭”吗？
那倒没有（笑）。边琢磨今后要干什么边玩着上的这个学。

您搭档小岛女士也读雕刻专业？
不是，她学染织，研究织物。她比我大五岁，研讨课上曾有个项目是研究怎么造和船（日式船只），我们在同一个小组。

跟她比较合拍？
当时倒没觉得特别合拍。那会儿我住的公寓里全都是上艺大的，隔壁房间住了个毕业好久的人，经她介绍才正式认识了小岛 Akari，逐渐熟起来。

在哪片区域？
洛西新城（笑）。艺大在那一带最中央，坡道最上面，我们不怎么往外跑。

本身就是个乐园嘛（笑）。从那里到左京区，距离相当远啊。
去左京区得骑三十分钟自行车。所以，很羡慕上京都大学的人，骑个自行车就能去学校。

当时还没跟小岛女士商量过一起开店的事吧？
我俩想抓住青春的尾巴，就一起念了研究生（笑）。有时在学校做做兼职讲师，有时在别处打打工。不过当时她问过我，说：“想开个咖啡店，要不要一起开？”

等等，在这句之前，跟咖啡店有关的苗头，半点儿也没显露过吗（笑）？
啊，这个嘛，跟那帮做和船的组员们聚餐时，大家都没钱，就在家里聚了聚。我俩基本上就是管做饭，当时就合作过了，（一起做菜）没什么不适应的。

当时做菜，都是按自己的风格做？

在咖啡店打工时偶尔做过东西，不过聚餐那天是按自己的风格做的。

毕业后，您二位去哪里高就了？

没正式工作过。因为下定决心要开咖啡店，所以就想，必须去哪里学习一番。小岛去了一家开在三条的自然派餐馆“BIOTEI”（注1）。我去了一家主营意大利面的餐厅，叫“Tramonto”（注2）。

在那里学到了怎么做菜？

对。不学会做菜，就学不到应该怎么经营一家店。

店里还教人怎么做管理？

不是这个意思，是指可以通过具体的工作流程来理解一家店怎么运转。

换句话说，磨练厨艺这个事，是在那家做意大利面的餐厅完成的？

是啊。虽然老是听到诸如“实现梦想”这类话，也得靠踏实的计划去实现才行。为了开店，必须把技术学到手。因此，学习技术啦，琢磨要学习多久才能辞职啦，学习期间要存多少钱才够开店啦，都得考虑。

刚才说到小岛女士邀请您跟她一起开店，那您有没有问过她到底是从哪里延伸出了这个想法？

唔，虽然不知道她这想法打哪儿来的……想一辈子从事自己喜欢的职业——大概是这么想的吧。

为什么开这个类型的咖啡店呢？

“女人好像很少一个人吃饭啊”，聊过这类话题。咖啡店有的是，但我俩不是那种光拿意面跟三明治当饭吃也吃得心安理得的类型，也不想每天都吃那些。虽然每天都能找到饭菜可口、价格不贵、青菜很多的饭馆，但总觉得……那些店都土里土气的（笑）。我们可不想做那样的店。还是想把店做成有些可爱的、兼卖喜欢的小物件的地方。一个能端出我俩自己想吃的餐品、“像食堂一样的咖啡店”。

开辟一块自己想去的净土，是这么个感觉吧？

是啊。我觉得会这么想的女人还挺多的。

为什么起名叫“燕子”？

没什么理由。从日语里找了个好记的词，就定了。眼瞅着就要开店了还没定下店名时，不知怎么就说到“swallows”这个词，觉得挺好。朋友听了说：“你们叫‘swallows’，就不怕养乐多燕子队的球迷们来砸场子吗！”（笑）

哈哈哈！（笑）

什么coffee（笑）之类的英语总归不好记，就改用日语了。我跟小岛都不是异想天开的类型，因此，想要先守住自己的生活，再以不脱离生活的方式来工作。小岛叫我跟她一起开店时，我有好几个选择，也琢磨过自己到底想干什么……

比方说，都有什么样的职业可供选择呢？

动物饲养员之类（笑）。在艺大教书啦、专注做菜啦等其他选择，倒是也有。开店这事不在计划之列……因为我讨厌招呼客人（笑）。

做厨师这条路也行得通嘛。

不过，我不确定自己能不能在厨师的路上走下去，会不会被踢出圈子啊（笑）。

也就是说，选项一个个被排除掉，最后只剩下“开店”可选。是这样吧？

事关工作的选项中，艺大那个吧……那时我尽是做出“这玩意儿到底是个啥？”的作品。我确实把自己想做的东西做出来了，但是……怎么说呢……没有实感。那的确是反映自己内心的雕塑作品，我却觉得它们一点儿都不真实……就在那段时间，我在家做了很多菜，收获了很多快乐，于是就想：“重复做同一件事就是生活的延伸，我要把这件事变成工作。”这时，小岛来邀请我加入，我才恍然大悟，开个店，就能把自己想做的事变成工作。

真有意思，艺大反过来推了您一把。一般说来，即使面对吊诡的作品，艺大学子也是见怪不怪，不会有“这玩意儿到底是个啥？”的想法，不是吗？不否定这样的想法，而是从旁观察、着眼于能看到普通人反应——“吃一口，真好吃”——的工作。作为艺大学子，您还真是带点儿另类色彩。

艺大有好多学生都是美食家哦。自己会做好吃的，也对各个美食店很熟。取悦他人——在这个层面上，所有作品都是一个目的。

所谓定食，就是我俩想吃的食物。

【2】

为什么选在一乘寺这里开店呢？

因为决定了“要开在左京区”。就是向往这里（笑）。京都大学跟惠文社（注3）也在这里。很久以前就知道这里是空着的，某天偶然进了一家小房产中介，又看到它是唯一一家租金特别便宜的外租商铺，就决定要这里了。

二楼用来做什么？

房东住在二楼。可能因为商住混用，租金才便宜吧。

定的时候很痛快？

是啊。我搭档虽然是已婚人士，但房租之类还是出得起的。

对店里的椅子等家具似乎有固定偏好？

去好多家具店看过，当时的男友也帮我做过（笑）。

这么说，店里现在的样子跟刚开时没什么分别。哪天开的？

一月八号。

日子有点儿不上不下啊。

其实想赶在圣诞节开张，但是错过了，只好写新年贺卡来通知大家。

开张当天有什么趣事吗？

菜单上砍去了一道菜（笑）。开店前把菜单写在告示板上，后来意识到来不及准备，就赶快擦掉了。此后，那道菜就再也没出现过（笑）。最初上门的客人都是熟人。

一开始定下的经营路线就是卖定食和咖喱饭？

也有素菜，用跟米饭很搭的蔬菜做的。味道取大众都能接受的，做得太辣太前卫，肯定要被剩下。

不叫“lunch”而叫“定食”，是在字眼上有什么讲究吗？

所谓定食，就是我俩想吃的食物。配菜占主导地位，加上白米饭、味噌汤。“要是能随时都吃到这些东西，不是挺好吗？”我们这么讨论过。

因为在京都好像是食堂才用“定食”二字——我这么猜测过。您这说明视角，越发证明这里不是咖啡店，而是食堂。我觉得，享受店内的轻松氛围，可能就是对生活有独到见解的女性所憧憬的生活方式之一。再往深了说，有点儿类似《海鸥食堂》（注4）里那种方式。刚开店时，就供应Ooya先生（注5）的咖啡了吗？

对。我喝过好多家店的咖啡，在“六花”（注6）家喝到的Ooya咖啡味道很棒。刚好当时田中美穗（注7）认识Ooya先生，就把他介绍给我了。

因某个契机，店上了轨道。出现过这种转折点吗？

上过*L magazine*（注8）定食专题那期的封面，惠文社的店长也在接受杂志采访时介绍说“附近开了家如此这般的店”，刚好那段时间《海鸥食堂》也上映了，有些客人循着这些线索从惠文社过来，就形成了客流。

如今再看，跟惠文社之间算是互相促进，一举两得啊。不久前您搬到离店很近的一乘寺这边来住了。搬过来后，心境上有什么变化吗？

之前住银阁寺那边，我还挺喜欢那边的。一乘寺这边虽然有惠文社，也有其他店，但住宅区比较多，很多是一家子住一起（笑）。

可能还是作为旅游景点的银阁寺那边更有不食人间烟火的氛围吧。

但我还是不喜欢招呼客人（笑） 【3】

我觉得女店主开店中途会遇到一道分水岭，那就是怀上孩子。对这个问题，您怎么看？

我俩以前谈过，一个怀孕休假时，另一个就要把两人的活都干好。世间存有“女人开店就是开不长”的印象，叫人有点儿难过。面对生孩子这道坎，要是一副“反正早晚都要关门，就不用全力以赴地做事啦”的态度，就有点儿可悲了。本来男人开店一开便能开很久的例子就很多……

错开时间生孩子，就能彼此照应着店里。女孩子合伙开店，会有这样的优势呢。

倒也没把生孩子这事计划到这地步（笑）。

合伙开店多半要把钱上的事分清楚。您二位怎么处理这事？

我搭档人品很好，她管账，我放心。不过，最重要的是得互相为对方着想。这跟招呼客人一个道理。为杯里没水的客人添水是种体贴，做饭时想着若菜切得太大块客人不方便下咽是种体贴，漂亮地装盘能让人高兴的话也是种体贴。招呼客人就是这么回事嘛。

我开书店，虽然咱俩给客人提供的东西不一样，不过，这些话我特别懂。虽说让客人感到愉悦店才开得有意义，但说到底，店员也好客人也好，对双方而言，“店”都是沟通的场所。沟通虽以金钱为媒介，但从本质上说，它体现的是“和他人共享某段时间”这一概念。具体怎么实践，方法固然多种多样，但最理想的关系还是“两情相悦”。即，店家“想让客人舒适地度过一段时间”，客人“下次还想上门”。达不到这种关系的话，我就会想，是不是哪个环节沟通没做好呢。从这个意义上看，你们店里这“根植于生活的定食模式”，可能非常容易引起女性共鸣。

但我还是不喜欢招呼客人（笑）。当初被拉来开店时我就跟她讲：“我不要做接待。”（笑）她待人处事很到位，比我更像样……不过，也不是见谁都能笑眯眯的类型。刚开店那会儿，我俩还被坐在吧台的大叔指导过怎么淘米呢。

说到这个，店里的座位挺少的嘛。

一来空间有限，二来这个座位数是两个人能照顾周全的极限。偶尔也会出现每张桌子上都是一个客人的“客满”情况。不过，我们希望客人悠闲自在地享受时间，因此，从原则上讲，不拼桌。

平时跟节假日来的客人有什么不同吗？

估计都是从惠文社那边过来的。

一开始就把惠文社的商业价值考虑进来了？

是啊。要是进我们店的客人跟惠文社那边的顾客群体差异太大，他们可能根本不会到这边来。从市场营销的角度上看，开在书店附近的咖啡店也比较时髦，受人欢迎。个人意见啊。

街坊们都是什么样的人？

有年事已高的老奶奶，不过整体看来占少数。附近的熟客们让人安心，即使是人容易扎堆的日子，他们也不会扎堆来。

毕业于艺术大学可能也算是具有美学意识的一个标准，不过，我在两位身上似乎感受到了某种要跟事物划清界限的原则，或者说，一种“对事物不会照单全收”的指导方针。虽说是在开店迎客，但态度上仿佛在说“我们可不会让您想干啥就干啥哟”（笑）。这里的氛围不是热情的、“欢迎光临”式的，不是吗？可以说，氛围有些“硬”。

不这样店就开不长久啊，对不对？虽然也有性格上的因素吧（笑）。

二〇〇五年一月八日开店
店主　广川Reira，小岛Akari

燕子的招牌单品

烤芝士蛋糕

蛋糕表面充分烤到微苦，
苦味与糕体细腻的口感交织在一起，
是一款口味非常非常柔滑的
自家制芝士蛋糕。

据店主说，直到品质稳定前，
经历过无数次失败的试验。

“最初烤得太过，
表面都烤裂了。
不过，还是堂堂端给了客人（笑）。”
相隔好久再次光临，客人说：
“做得比以前好了。”

店里引以为傲的芝士蛋糕，就是这么诞生的。

注1 BIOTEI：
京都自然派餐厅的开拓者。
注2 Tramonto：
京都数一数二的平价意大利菜系老店。
注3 惠文社：
惠文社一乘寺店，精品书店界的翘楚。
注4《海鸥食堂》：
荻上直子执导的电影，由小林聪美、片桐入、樽真佐子等主演，讲述主人公们在异国他乡的一家店里打拼的故事。
注5 Ooya先生：
Ooya Minoru，格外热爱摇滚乐的咖啡烘焙师。OOYA COFFEE的灵魂人物。
注6 六花：
咖啡店“六花”，主打素菜的咖啡店。
注7 田中美穗：
田中美穗植物店的店主，店就开在HOHOHO座书店隔壁。
注8 *L magazine*：
关西地区发售的杂志，以新视角采访报道深度资讯。

Drink menu

★コーヒ 400 ice 450
オオヤコーヒ焙煎所から
届けられる月替わりのコ
今月のコーヒは黒板に
かいてます。

★紅茶 400 ice 450
・ストレート
・ミルク
・アールグレイ

・カフェオレ 450 ice 500

・チャイ 450 ice 500

★ハーブティ 400 ice 450

・グッドフィーリング (カモミール・オレンジピール・レモンバーム・ローズペタル・ラベンダー etc…)

・ゲットスマート (ペパーミント・ゴクコーラ・レモングラス etc…)

・アベナドリーム (カモミール・リンデン・フェンネル・レモンバーベナ・キャットニップ etc…)

・レッドハーブミックス (ハイビスカス・ローズヒップ・ステビア)

★自家製梅ジュース 400 (ice or hot)

★梅ソーダ 450

★ゆずはちみつジュース 400 (ice or hot)

★ゆずはちみつソーダ 450

★りんごジュース 400

★みかんジュース 400

★桃ジュース 400

★ぶどうジュース 400

★ジンジャーエール 400 (ウィルキンソン辛)

・自家製サングリア 500 (ice or hot)

・自家製梅酒 500 (ロック・水割・湯割) (ソーダ +50円)

・エビスビール中びん 550

・グラスワイン赤 480

お昼(~15時)は★印のドリンクと食事と
セットで150円引です

Drink menu

* 咖啡（热）400日元（冰）450日元

咖啡豆来自OOYA COFFEE烘焙所，每月口味不同。本月咖啡请见告示板上。

* 红茶（热）400日元（冰）450日元

- 原味
- 加奶
- 伯爵红茶

* 咖啡欧蕾（热）450日元（冰）500日元
* 印度奶茶（热）450日元（冰）500日元
* 花草茶（热）400日元（冰）450日元

- Good Feeling（洋甘菊、橘皮、柠檬香蜂草、玫瑰茄、薰衣草）
- Get Smart（胡椒薄荷叶、雷公根、香茅草）
- Avena Dream（洋甘菊、椴树花、茴香、柠檬马鞭草、猫薄荷）
- Red Herb Mix（芙蓉、玫瑰茄、甜叶菊）

* 自家制青梅汁　400日元（ice or hot）
* 青梅苏打　450日元
* 柚子蜂蜜汁　400日元（ice or hot）
* 苹果汁　450日元
* 橘汁　400日元
* 桃汁　400日元
* 葡萄汁　400日元
* 姜汁汽水　400日元（WILKINSON）

- 自家制桑格利亚甜酒　500日元（ice or hot）
- 自家制梅酒　500日元（加冰 兑水 兑热水）（兑苏打水+50日元）
- YEBISU 啤酒（中瓶）　550日元
- 红酒（杯）　480日元

白天（~15时）同时下单带*记号的饮料和餐点
优惠150日元

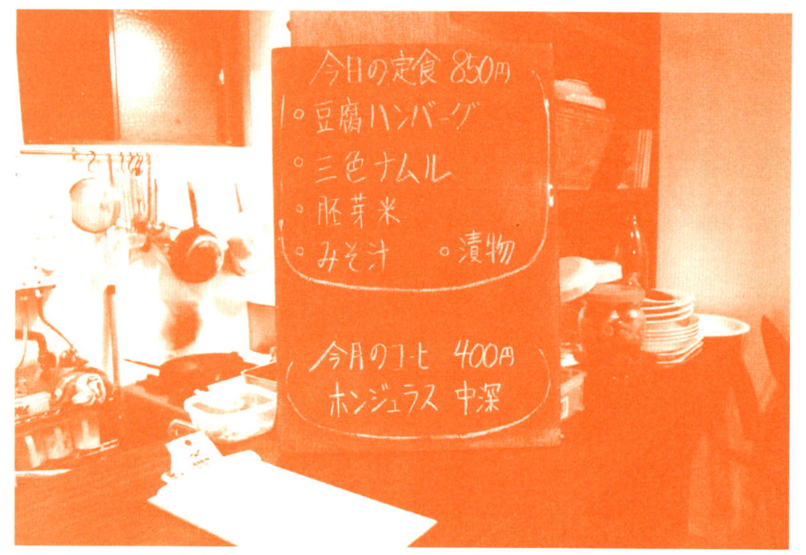

今日定食 850日元
○豆腐肉饼
○韩式拌三丝
○胚芽米白饭
○味增汤 ○泡菜

本月咖啡 400日元
洪都拉斯产中深烘焙

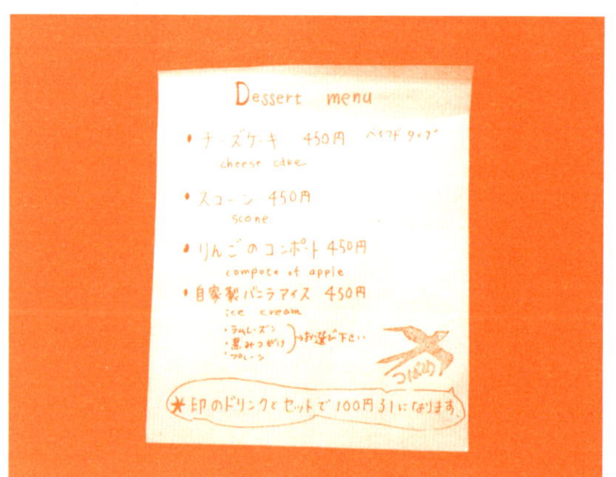

本书中给出的店铺菜单及定价均为采访时的实际情况。现在菜单可能有所不同。

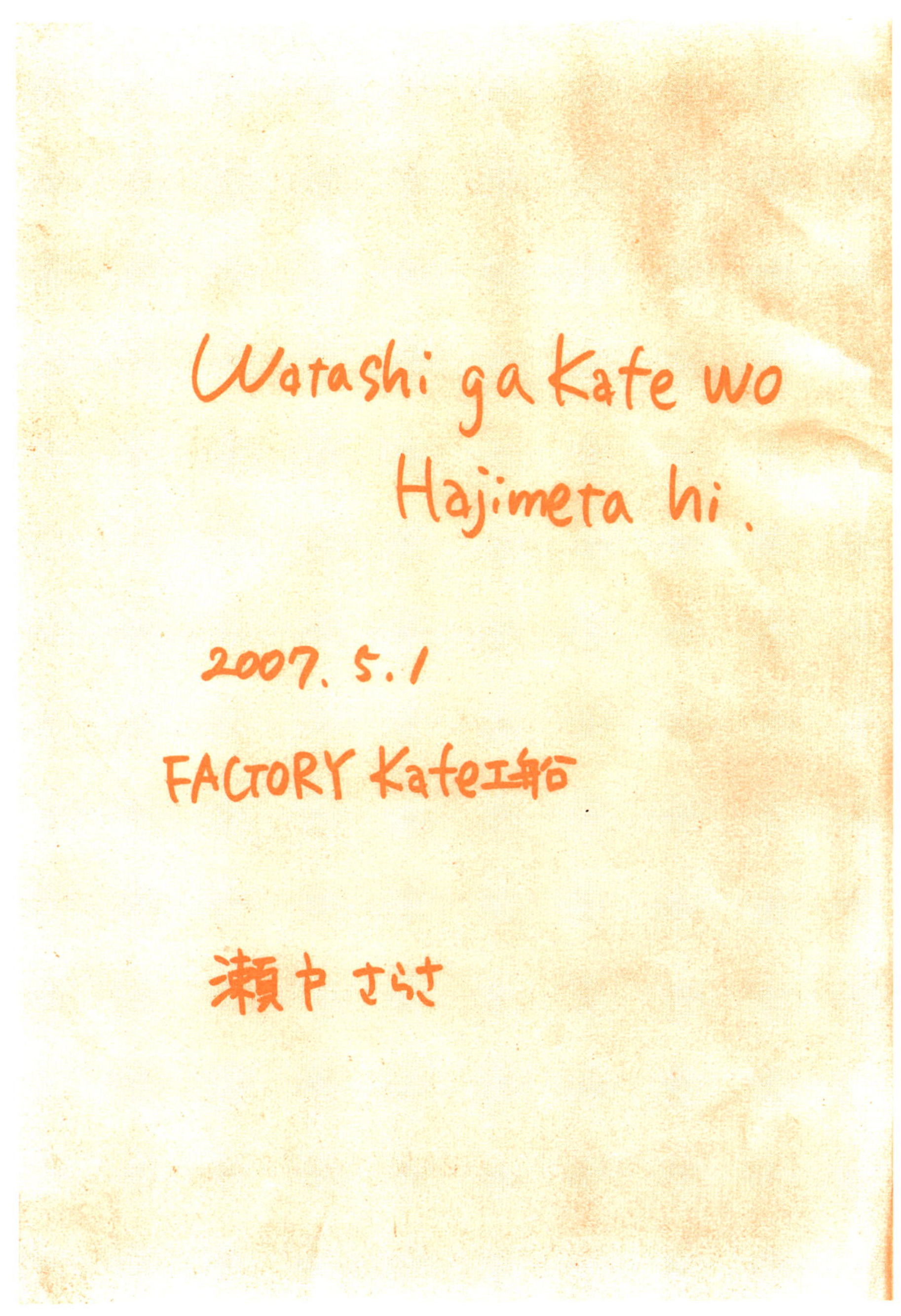

Watashi ga Kafe wo Hajimeta hi／2007年5月1日／FACTORY KAFE工船／濑户Sarasa

FACTORY KAFE工船

京都市上京区河原町通今出川下梶井町448
清和Tenant House 2F G号室
电话：075－211－5398
营业时间：11：00—21：00
休息日：每周周二 （节假日营业）

左起分别为：店员Mabo先生、Ooya Minoru先生、濑户Sarasa女士

FACTORY KAFE工船

自打这家店开张以来，我就从各处听闻店长濑户女士的师父——烘焙师 Ooya Minoru 先生的大名和事迹。桩桩件件都很独特，仿佛什么奇闻异事。这导致我对Ooya先生既怀有兴趣又觉得他似乎性格复杂难以接触（抱歉），因此，一直都没登门拜访。

没想到，Ooya 先生主动向我伸出了橄榄枝。那时我们第一次好好聊了聊。他邀请我参加他主持的讲座，我、Ooya先生和濑户女士开了六个小时的车去东京。长时间处于同一空间中，很多隔阂就自然消解了。

当时，我对濑户女士独特的性格产生了兴趣。她既细致又散漫，既大胆又纤细，既严格又宽容，是个很有意思的人，充满矛盾。

这个采访计划能付诸实践，对我个人而言意义深远，因为借此建立起了对濑户女士的印象认知——出位发言有之，意料之中的发言亦有之。

不过，我还是一点儿都不了解濑户女士。她究竟是怎样一个人呢？我越发糊涂了。

我脑子里强烈盘旋的想法类似于"人应该乐呵呵地赚钱"。

【1】

(HOHOHO座)
我对您的人生经历很是好奇。出生地是哪里来着？

(KAFE工船)
石川县轮岛市。

会时不时回去看看吗？

没。开了店后，就回去过两三回吧。

是不想回去吗？

不是，是想回去但（太忙）回不去。没事，反正爸爸妈妈经常会过来。

对了，令尊是手工艺者吧？

是啊，做漆器的。做的东西面向全国销售，所以经常来京都。

祖辈都做这个？

不，就父亲这一辈，轮岛是漆器产地，的确有很多人家里祖孙几代都做这个，但我父亲是个人做，像横空出世一样(笑)。

相当于独自创业？还是说，令尊一早就以做这个为目标，学艺傍身？

那倒不是。这事有点儿曲折。我父亲本来应该继承老家的米饼店，但他好像打算从事与工艺品相关的工作，就自己跑到人家的工艺品店开始学习。虽说不是制作漆器而是去做销售工作，但那是一家着眼于全世界、认真对待工艺品的店。他一直在店里干着，四十五岁那年突然大彻大悟，成了做漆器的手艺人。他看着像大师级人物对吧，毕竟六十五岁了，一脸威严感。大家都喊他"老师！"，其实他行业资历相当浅(笑)。

不过，作为漆器手工艺者，手艺肯定特别棒吧。

漆器手工艺者本身数量就不多，不过我父亲似乎挺有名。他成了手工艺者后会专注于做漆器，但平时也会亲自去各地推广作品。

令尊转做手工艺者时，您还小吧？

当时好像在上中学。他本来是个不苟言笑、一板一眼的人，成了手艺人后变得特别和蔼可亲。这种人大概就叫单纯吧(笑)？对他印象改观了。

您当时正处在多愁善感的年纪，家里生意突然变了样，这对您以后的发展方向有没有产生影响？比如要不要继承家业之类。

这个嘛，就算到今天，我的想法也没多大变化。我不是那种工作特别卖力的人，或者说，我脑子里强烈盘旋的想法类似于“人应该乐呵呵地赚钱”。从小我就比较关注轻松的、说出去有面子的、快快乐乐的工作（虽然这种工作多半也挺累……），比如，设计师和空姐。倒不是对设计衣服感兴趣，不过，发布会最后，模特儿们不是会簇拥着设计师走出来吗？我就是对这个场面有兴趣，才想做设计师。相当不着调的未来规划吧？

这是中学时的想法？

不是，更小的时候就这么想了。再大点儿时家里常摆着各种漆器，因此隐约琢磨过要不要去念美术专业，觉得接触与文化相关的东西也不错。不过，十二三岁的人嘛，也会突然兴起“以后当作家”的念头，完全没有固定目标。可能是讨厌长大，觉得对事情下决断、担责任都是大人该干的事（笑），什么都不想往深处琢磨，基本是这种状态。

在石川县生活时，完全不知道打工是怎样一种体验？

不知道。那里是乡下，印象中学校禁止打工。不过，我家是“理所当然”要帮忙做事的家风，所以，家务也好看店也好，做了不少活。

上中学后，孩子不是会迷上电影或音乐之类的吗？您有吗？

上中学时，我被同学们欺负得可狠了，乡下地方嘛。渐渐觉得被欺负的人反而处在另一种层次上，我跟那帮人好像不是一个世界的。心想，还是重视一下世界上的其他东西吧，于是读了*Rockin' on*（注1）之类的杂志。那时候还没有网络，都是在*Rockin' on*附带的传单上邮购唱片。

不是CD，是唱片？

20世纪90年代那会儿刚好流行涉谷系的音乐，孩子们能买得起的唱片机也问世了。大家都买，我那帮朋友家里大概都有（笑）。所以，更想听黑胶了，跟朋友聊过“东京好像有DJ哎”（笑）。当时完全不懂音乐流派。反正，大家都不明白的东西我就要都喜欢，因此，视觉系也好其他什么也罢，逮住什么听什么。不过，最喜欢的还是朋克风和华丽摇滚，少女时代过得相当孤独。

有没有音乐上的道友？

大家都各爱各的，不过，也有人不听流行乐。以这点来论，志同道合的朋友倒是有。

这种状态持续了多久？

来回摸索了一段时间。人生上了正轨，是到京都来念书、认识了Ooya（注2）之后。

这个“认识”，是指在Ooya以前经营的咖啡店“Pachamama”？

是啊。上大学时，比起上课，我是一门心思地往Ooya店里跑。不过，从来没想过在饮食业发展，更别提专业干这个了，觉得自己不太行。我从来没接触过咖啡文化，来京都后，一开始还被吓到了呢，到处都是老式咖啡店。

来京都是个偶然？

最初跟父母说想去东京，他们说东京太危险不让我去（笑）。京都就没事，因为他们也会来。虽然对美术私塾SETSU MODE SEMINAR（长泽节时尚研究所）和文化服装学院心怀憧憬，但最终还是念了京都嵯峨艺术大学。

Ooya说我是“Pachamama经营史上第二个不干活的打工仔”

【2】

刚进大学就认识Ooya先生了吗？

没，好好过了一阵子普通大学生活。班上有个我行我素的女生，好像是觉得上课无聊，就看大江健三郎的小说，她认识Ooya。虽然我还有个朋友，不过，Pachamama的情况是她告诉我的，并带我去的店里。

感受到了文化冲击？

已经不是文化冲击那么简单的事了，是大为震惊。当时，田中美穗（注3）已经在店里打工了。见到Ooya那天，我像无知小儿发高烧一样，晕头转向的。

具体说来，是哪些地方让您大为震惊呢？

直白地说，就是觉得他帅，超越男女感情之外的帅。打个比方，就算你不知道米克·贾格尔和忌野清志郎是谁也能喜欢上摇滚乐的话，那你肯定也能凭感觉知道他是个厉害人物。他就是这么一个人。

有种摇滚明星的气场？

说明星也行，就是给人“世界上还有这种人？！”的感觉。当时觉得他好有趣（笑）。

的确，Ooya先生说话之间的停顿特别有意思。怎么说呢，很好模仿吧（笑），因为有特点。不过，我觉得那种人情味是构成人格魅力的重要因素。

他那打扮也很惊艳。衣服很普通，发型却像圣方济各·沙勿略一样，只把头顶中间剃光，像河童似的（笑）。当时他眼睛下面还生了个疮，肿得厉害，牙也没了。我还在心里嘀咕，这人莫非在嗑药？牙烂成那样。大家都问我，这样的人帅在哪儿？可我当时已经被他惊艳了。

是因为他的气质符合您已经形成的美学意识吗？

不至于喜欢上这个类型，大概是对他诸多信服吧。可能一直在寻找的就是这种感觉。我这人特别怕生，但只要扯上Ooya，就特别积极。因此，上大学时被人说“入了Ooya教”（笑）。我们那个年代，女孩子很少会喜欢上比自己年长的人或前辈，迷恋他们，被他们带入门。所以，同年级的人可能都觉得我像个怪人或疯子吧。

像您这样沉迷于Ooya先生的魅力跑来Pachamama的人多吗？

大家跟他的关系都很好，不过，追着比自己年长的人跑，可能这事也就我和田中美穗干得出来。

来店里次数多了，就开始帮忙做事了吗？

不是，印象中他直接给我打了个电话，问："要打工不？"我就说："来来来！"

那是您第一次打工？

对，十九岁那年。Ooya说我是"Pachamama经营史上第二个不干活的打工仔"（笑）。我可能压根儿就没有打工仔的意识，看着像个在店里瞎晃的人。我不知该做什么，就照葫芦画瓢，试着做饮料。

Ooya先生不怎么指导他人？

单独教人的时候也有，但理解得刚有点儿眉目时，他就会来句"我出去一下"，把我扔在一边，半天也不回来。客人照常上门时，我就得祭出学到的所有东西去应对。偶尔会被摆这么一道，我记着呢。打算绷着劲儿做事时，他又说"别缩手缩脚地干活"（笑）。说时完全不发火，好像笑嘻嘻地递给我钱似的。他跟我说"你干什么都行"。我涂多吓人的指甲油都没关系，我还在店里抽烟，我这店员，算是烂透了（笑）。即便如此，Ooya也不会生气。他真是个温柔的人。

Pachamama原本就是这么一种自由的氛围吗？

嗯。不过，跟打工的小孩们固然是这么说，可如今想来，那是因为Ooya兢兢业业地做事，牢牢地掌握着平衡感。他认真贯彻着我不了解的专业精神。

在打工过程中，会觉得煮咖啡这件事很有意思吗？

很有意思。不过，有意思的不是洗杯子碟子、做东西的过程，而是旁观老板跟客人大聊特聊、聊得入神的那种感觉。Pachamama本来就不一般，它依靠平衡感做生意，我觉得它没有饮食店应有的状态。它不是肚子饿了才要来的地方，人们来咖啡店也不见得是为了满足食欲。咖啡店也卖食物，但它不是饭馆，对吧？"不知不觉就想去"——我对这种地方特别感兴趣。我就想，开个咖啡店，没准儿我也能行？那时已经对大学没有任何留恋了。

大学毕业后一直在Pachamama打工？

没，有一天Ooya突然说："我还是想歇了。"说以后要专职做咖啡豆烘焙师，要关掉Pachamama。之后我游手好闲了好一阵子，说白了就是花着父母的钱混日子。也在小钢珠店打过工，给客人送咖啡送餐点。边过日子边想，万一一辈子找不到喜欢干的事该怎么办。

我只想跟Ooya一起工作，管他是小偷还是骗子（笑）。

【3】

有结婚的意愿吗？

上大学时完全没体验到告白然后交往这过程。当时告白被拒了，所以一点儿也不想结婚。可能就是因为这，现在才开了一家店。大学时尽跟Ooya一起混，很少跟男孩子一起出去玩。

无所事事了很长一段时间吗？

一年左右吧。想再闲晃一段时间时，遭到了突袭。爸爸妈妈打来电话，内容严肃，说是一直来帮工的人辞职不干了，希望我回老家帮衬一阵子。当时，我在京都也住腻了，就带着助人为乐的心情说"帮几天忙也行"，便回去了。结果变成了强制"遣送"！我被爸妈看住，没法再出来，只好在家帮忙做事。"找不到想做的事就继承家里的店呗"——我才不想继承。我最讨厌乡下，被束缚在那里，我可受不了。我开始琢磨怎样才能逃离老家。

那时起，开始严肃地思考问题了，是吧？

对，所以我开了这家店。为了不继承家业，拼命琢磨自己想干什么，结论是"开咖啡店说不定能行"。又一阵自我感觉良好（笑）。认真考虑后，跟Ooya说了。他听完说："想开我就帮你一把。不过，开普通咖啡店没意义，你得成为专业的。还有，走了专业这条路以后，固然得服务客人，也该学学怎么烘豆子。我教你，咱俩一起干，怎么样？"我想都没想就说："好好好，我学我学。"当时他最后一句话是："那什么，我很严格的，你没问题吧？"我说："啊，你肯定严格，行行行。"之后，我花了一整年来说服爸爸妈妈。

Ooya先生跟着一起游说来着？

没，他只是指点了几招（笑）。"存点儿钱"啦，"这么说是不是比较好"啦，"父母不理解你也可以过来"啦，等等。最后，花了两三年时间，勉强说服了爸爸妈妈。去京都的前一年吧，我才开始跟着Ooya学烘豆子，用这个说动了他们。不过，直到现在，一提到这个，他们还是会说"开咖啡店又不赚钱，别干了"。（笑）的确，开咖啡店跟创业差不多，干这个的基本都是从"要不开家试试？"做起。世人好像瞧不上这职业，开店的人似乎被人看低也无所谓……一直是个恶性循环。我本来就觉得自己明明没什么拿得出手的还硬要开店特别不可取，所以，我想对自己做出来的东西负责，想让自己专业到只靠开店就能谋生。

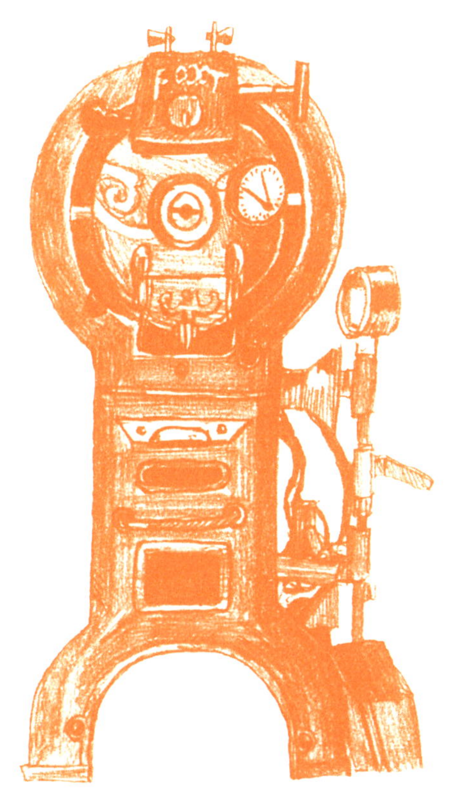

想这些时，您多大？

二十三岁左右吧。不过，现在想想，无所谓啦。我只想跟Ooya一起工作，管他是小偷还是骗子（笑）。当时，我从Ooya手里买咖啡豆，每月都跟他聊感想。后来，对咖啡的感想转到“吃”的话题上，Ooya说：“喜欢吃东西就开家餐馆嘛，那不是挺好。”可能决定开店也跟这事有关。说到吃，我父亲也是个好吃之人，小时候带我去过好多店，到处吃。他还告诉我寿司要在柜台吃，要边读寿司师傅的心思边点菜。痴迷唱片后差点儿忘了自己原来喜欢吃。

烹饪方面，手艺怎么样？

做饭，我不行。菜单上的东西会做，但在家基本不做。要么吃家人做好的，要么去外边吃。我不讨厌做饭，但一点儿也不爱做给自己吃。虽然手艺不怎么样，做给别人吃，倒还能接受。

原来如此。可以说，从最开始认识Ooya先生到开了KAFE工船，并不是一帆风顺，而是充满曲折啊。

对。开始那会儿才叫傻，连咖啡豆要烘焙都不知道。不过Ooya是个有一说一、直言不讳的人，有的没的都敢说。跟这样的人朝夕相处，头一次认真思考起很多事。

他对我说：
"想做服务业，先把自己的个性放一边。"

【4】

准备开店事宜花了多久？

这个地方是Ooya找到的，本来是Dumb Type（注4）的排练场地。Ooya说这地方留有很多"情绪能量"，问我要不要。我没法马上从老家过来，想了想对策，说"可以先把它占了"。这么着，差不多为占空房付了一年租金。不过，Ooya说肯让我们租的条件是要跟Takuya一起经营。

Takuya先生是跟您同层开店的那位吧？自行车店"BATCHGOO CYCLE"（注5）。

是。提出这条件，多半是为了我这个外行。可能他觉得外行开店不好开，应该借点儿不同风格的好外力来帮衬。

挺像Ooya先生的思考方式，类似于父母照顾孩子。租金能平摊不说，经营侧重点不同还能带来不同类型的客流，互相分享。

是啊。Ooya说会有五湖四海的人来找Takuya，跟他一起开店没坏处。不过，真准备开时又不知该从哪儿着手，只好先请给Dumb Type做舞美的小山田先生做了内装。本来就是间朴素的空屋，装修时也没乱加元素去破坏这种感觉。

刚开始，是您跟Ooya先生两个人看店吗？

不是。Ooya会来帮忙，但他说这里是我的店，所以，他不会长期在店。不过我得说，他可吓人了。我知道他教学方式很严格，可他也太……简直判若两人！一旦开始烘豆子，那就是师徒关系了。他对我连喊带骂，提的要求连我爸妈都没提过。从怎么收拾东西到一切大小事，没有一处不挨骂。开店前两三年被骂得太狠，觉得自己可能化成了一团看不清的烟，快要"仙逝"了（笑）。他对我说："想做服务业，先把自己的个性放一边。自己要这样，自己要那样，都抹杀掉。从事服务业初期，你不需要自我。你只是个容器，我说什么，你全部照做就是。"总是教训我。在Pachamama那会儿明明是"干什么都行"，到这边就"干什么都不行"，吓死我了。不过，想成为专业的，可能就得这样吧……有了痛切的认识。

即使在这种时刻，也没觉得开店会带来痛苦？

最近我才意识到，站在店里面对客人，我会不认生。所以，开店那会儿我也完全没压力。当着客人的面被Ooya数落、边哭边给客人做东西，有过；在父母面前被他数落，也有过。这可能是种因材施教的教学方法吧。他好像觉得我很认同当着人面数落人这事。人家都说，亏你被骂成这样还没有讨厌他。没什么好奇怪的，我可能就是喜欢跟他共事。

在经营层面上，Ooya先生指导过您吗？

教是教过，不过，现在还是经常被数落。开咖啡店吧，钱的事先不说，我以前天真地认为它是份让人快乐的工作，做些洗杯碟、煮咖啡、跟客人聊天等纯体力活就行。实际开店一看，相当累人，地狱般的工作（笑）。就算辛苦，客人也会照常上门；就算累了，打烊后也得收拾这儿、擦擦那儿。每天一个样。一想到自己可能一辈子都要干这个，就想哭。

没想过撒手不干吗？

想过啊。说头几年被彻底压垮了也行。我一直都没心没肺地活着，被包括父母在内的人捧着，无忧无虑地过日子，揣着并非发自内心的、不知打哪儿来的自信。那几年时光把我的自信心敲得粉碎，让我觉得，就我这素质，干别的事也一样得碰壁。再从零开始学，我真不行……所以，就算开店劳心又劳力，我也得跨越这道难关。

印象中，您是个特别酷的人，意志坚定。可跟您一聊天，挺意外的。

心里再翻腾，我也不会表现在脸上。Ooya说过："别去当有意思的店长。与其把当个好店长当目标，不如多关心你提供给客人的东西。"是卖人气还是卖咖啡，在这两个问题的差别上，Ooya的思考方式还是挺特别的，像个"不爱跟人打交道的社交好手"。

最后，想问下"KAFE 工船"这名字的来历。

我们老被人问："是在恶搞《蟹工船》(注6)吗？"起这名，用意很吓人哟！仿佛是说："想做生意，就给我像《蟹工船》里的人那样干活！"(笑)

含义真深啊。

今天聊了不少以前喜欢的唱片跟电影，这些年一直忙着学东西，就再也没碰过那些。其实，我能做出好喝的咖啡，凭的不是才能和品位，而是我最讨厌的"规则"。眼下，在旧金山，被称为"引领第三波咖啡浪潮"的咖啡师们像演奏音乐一样，既能展现简单时髦的风格，又能遵循规则。他们让咖啡既好喝又好卖。对我这种吊儿郎当随心所欲的人来说，我的人生课题，就是如何在工作中让自己守规矩。

二〇〇七年五月一日开店
店主 濑户 Sarasa

注1 *Rockin'on*：音乐评论家涉谷阳一创立的点评西方音乐的杂志。
注2 Ooya/Ooya Minoru：烘焙师，OOYA COFFEE的灵魂人物。
注3 田中美穗：田中美穗植物店店主。
注4 Dumb Type：誉满京都的艺术团体。
注5 BATCHGOO CYCLE：品位独特的旅人Takuya经营的自行车店。
注6《蟹工船》：作家小林多喜二于昭和初期创作的小说，描写了劳动人民与残酷的工作环境作斗争的过程。

KAFE工船的招牌单品

咖啡配套小食

咖啡有清淡和浓厚两种口味可选。
每周都会换咖啡豆，烘焙方式也会变，
总能让你尝到不同的味道。

为搭配咖啡，
这碟小食包括
戈贡佐拉干酪和淋了蜂蜜的香料面包、
开心果、
夏威夷坚果、
杏仁、葡萄干五种东西。

“咖啡的苦味，
并不是只能用甜味去配。
像开开心心地喝酒时
有下酒菜一样，
我想做出一碟能配咖啡的零食。”

剥杏仁剥坚果，
剥着剥着就会上瘾。

濑户女士说，
咖啡是“一道菜”。

原来如此。
觉得自己仿佛站在了
咖啡世界的入口。

FACTORY
KAFE工船
11:00~21:00

ホットコーヒ	¥500
※ホットコーヒは「あっさり」または「こってり」にてお楽しみいただけます。	
アイスコーヒ	¥500
カフェオレ（ホット・アイス）	¥500
コーヒフロート	コーヒの値段+¥100
季節の飲み物 ホットチョコレート	¥600
ジャスミン茶（針王）	¥500
中国紅茶（銀駿眉）	¥500
ダージリン（キャッスルトン）	¥500
ダージリン（グームティー）	¥500
アッサム（デジョー）	¥500
ケニアCTC	¥500
琉球紅茶	¥500

アッサム・ケニア・琉球紅茶はミルクとの相性がとても良いです。

はちみつバタートースト	¥350
チーズトースト	¥450
シナモントースト	¥450
オレンジコンフィのトースト	¥450
★コーヒのための一皿	¥450
シードル(甘口・辛口)	¥1,000

ナッツ（ヘーゼルナッツ・アーモンド・カシューナッツ）、チーズ、ドライフルーツ、パンデピス（pain depices）の盛り合わせです。

はちみつや香辛料が入ったスパイスのパンというフランスのお菓子です。

オオヤコーヒ焙煎所のハワイコナ・ブルーマウンテン
各¥2,000 / 100gデスケド・・・ご予約はKAFE工船まで。

热咖啡	500日元
※热咖啡有淡口和浓口可选， 请尽情享受。	
冰咖啡	500日元
咖啡欧蕾（热 · 冷）	500日元
漂浮雪糕咖啡	原味咖啡价格+100日元
当季饮品 热巧克力	600日元
茉莉花茶（针王）	500日元
中国红茶（银骏眉）	500日元
大吉岭红茶（Castleton茶园产）	500日元
大吉岭红茶（Goomtee茶园产）	500日元
阿萨姆红茶（Dejoo茶园产）	500日元
肯尼亚CTC红茶	500日元
琉球红茶	500日元

阿萨姆红茶、肯尼亚CTC红茶、琉球红茶跟牛奶很配。

今日咖啡产地：布隆迪。

蜂蜜黄油吐司	350日元
芝士吐司	450日元
肉桂吐司	450日元
糖渍甜橙吐司	450日元
☆ 咖啡配套小食	450日元
果酒（甜 · 辣）	1 000日元

一碟中包括坚果（榛子、杏仁、腰果）、芝士、果脯、香料面包（pain depices）。

一种加入蜂蜜和香辛料烤制而成的法式点心

OOYA COFFEE的夏威夷科纳豆和蓝山豆
各2 000日元 / 100克，请在KAFE工船预约拿货。

本书中给出的店铺菜单及定价均为采访时的实际情况。现在菜单可能有所不同。

我关闭咖啡店的理由
——烘焙师Ooya Minoru的心声

他的名字频繁出现在“KAFE工船”和“燕子”的访谈中，他就是烘焙师Ooya Minoru先生。他指导KAFE工船的濑户小姐所使用的独特方法，以及他们的师徒关系，这些话题让人觉得很有意思。

他曾在京都的繁华大街上经营名为“Pachamama”的咖啡店。我们请他聊了聊关闭咖啡店的原因和那段师徒关系。

对濑户女士的第一印象是什么？

三流美术短期大学出来的、自尊心很高的乡下女孩，留蘑菇头，下巴地包天。我心想，这孩子有点儿鞋拔子脸啊，就喊她“喂，鞋拔子！”或者“鞋拔子”（笑）。那会儿她十八九岁，转眼快二十年了。我当时三十岁左右吧。

赢过濑户女士、史上排名第一的不干活打工仔是谁啊？

那可多了去了。干活的女孩子不太多，但可爱的女孩子很多哟，请了一个又一个。“你长得真可爱，要不要来我店里打工？不谈钱的话，我就雇你！”（笑）

为什么要关掉Pachamama？

因为半点儿都不开心了。有了孩子后，会想“就干这个，可成不了伟大的父亲”。父母总想给子女展现帅气的一面吧？我觉得开咖啡店达不到这效果。即使还在开，也不是凭着当初那股冲动在做事，有点儿不好意思面对孩子。能把心中理想和谋生手段合二为一去经营咖啡店，那样的人才叫厉害，可我开店不是为了实现这样的人生。我知道，继续开下去应该能赚钱，但这样不好。不过，现在觉得当初开下去也不坏（笑）。

那您是为了实现什么才开的咖啡店呢？

没为什么，没别的事好做嘛。我不是那种有创造性的人，让我说什么叫伟大，我也只能想到跟大家一样的答案，比如环游世界。不过有种旅行方式我很讨厌，有些装模作样的人跑去非洲，一年后胡子拉碴地回来了，说走一趟花了八十万日元。我觉得，既然敢花，还不如豪掷八十万日元来个巴黎一日游。去消费水平没那么高的地方，还一脸得意地把经历描述成一本《武勇传》，我最讨厌这种人。或者说，虽然到不了“最”这种程度，还是觉得这类人很烦。所以，开咖啡店这事也一样，就为能跟人挺着胸说句“咱也是开过咖啡店的人！”（笑）

为什么想做烘焙师呢?

开始想种茶来着。这么说好了，根据法律规定，我不能制作烟草，但在不犯罪的前提下，我想成为那个绝不可能出现在主流舞台上的宠儿。想要实现这些，咖啡店必不可少。不过，大家是不是都满足于自己开的店呢?我三十多岁时整天嫌弃自己，觉得自己又俗又土。

在培养他人方面，有什么想法吗?

什么也没想。我是个不喜欢被师父敲打的人，学东西都是按自己的方式来。我多数时间比较神经质，不接受工作上没有条理的人。我本来就讨厌工作，更受不了我把店收拾得井井有条而别人却不把我的工作当回事。说白了，就是见不得脏兮兮或乱七八糟的场面。在我店里干活，只要收拾得干净整洁就行。东西用完放回原处，干活时想着用最短阵线来安排先后顺序。这些事，虽然不做也行，但最好还是做。进店一两年的小鬼冲着我打算拿给客人的咖啡豆抽烟时，我会把对方骂得狗血淋头、一文不值。多数人会反驳:“你不是也站在烘焙机前抽烟了吗?”我的回答是:“我毁的我负责，你毁的你能负责吗?”可能有人评价过我太严厉。不管多少人往我这个神经质的枪口上撞，两个人也好十个人也罢，我都一视同仁。

请说说您是怎么看待师徒关系的。

我绝对不给别人钱。咖啡店里就有工作做，我会说:“要钱你自己赚”。当然，车钱饭钱零花钱会给，但我最讨厌面对“为了生活有保障，我得工作多少时间，休息多少时间”这类话，我会说:“你是喜欢干这个才来打工的吧?想赚钱去别处。”同样道理，大家要是开了自己的店，我会说:“我要收钱了，行不行?”毕竟我不在店里店就没法赚钱了，就让我占点儿便宜吧(笑)。大家可能很不乐意我这样，但我一定会收。在双方都只考虑自己的情况下，为了关系不崩坏，双方就得认真对待彼此。古典意义上的公司，就是这样经营的吧。

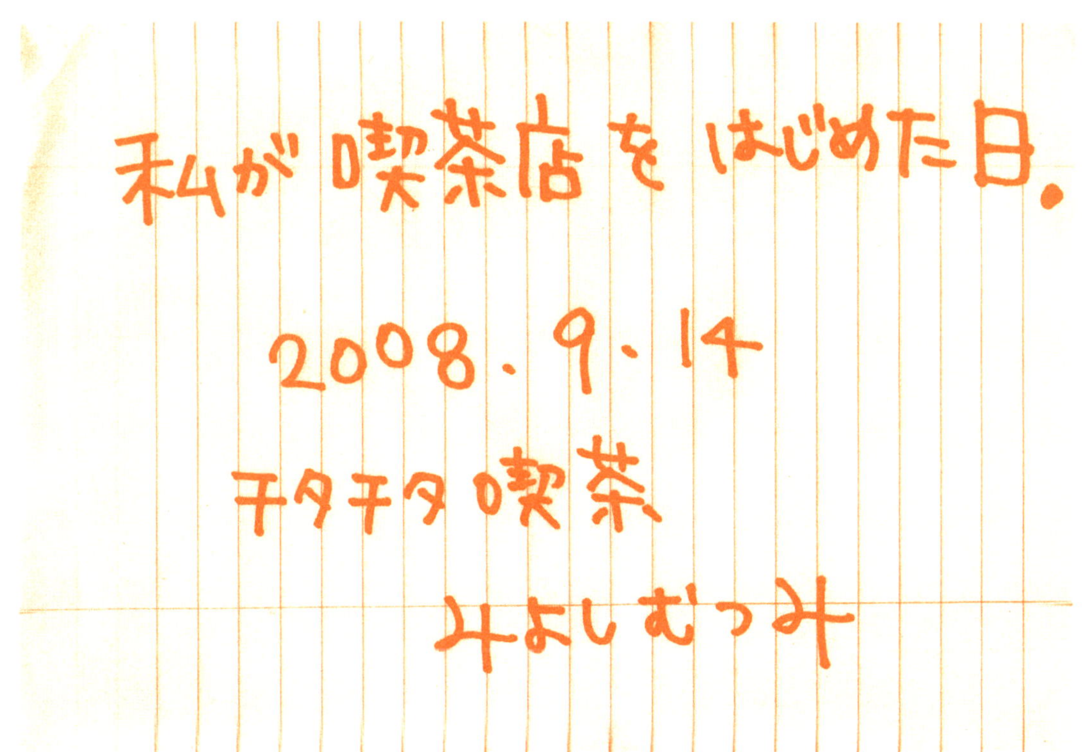

我开咖啡馆那日／2008年9月14日／TitaTita咖啡馆／Miyoshi Mutsumi

TitaTita咖啡店

京都市上京区椹木町通葭屋町角讲堂223
电话：075－823－2121
营业时间：8：00—19：00（周三12：00—19：00）
早餐提供时段：8：00—10：30　午餐提供时段：11：30—15：00
休息日：每周周二

第一次认识 TitaTita 咖啡店的店主 Mutsumi，是在离 HOHOHO 座几步路的咖啡店“Buttercups”（注1）里。灯光打得很暗，氛围十分舒适，坐着看书时不得不与袭来的睡意作斗争。店主是位佝偻着腰走路的老奶奶，Mutsumi 在店里动作麻利地干着活。我照常点了摩卡。摩卡分量足，巧克力比例佳，温度适当，加上玻璃杯，简直是一杯完美的摩卡，直到现在还时不时地想喝上一杯。

有一天，店关了，摩卡没了，Mutsumi 也不在了。我怅然若失，无目的地晃到常去的古书店，“啊！”我指着店里一位客人喊出声，对方吓了一跳。我跟对方谈起那家店，对方也对我隐约留有印象。

Mutsumi 开了自己的店。同样是一家出色的、平易近人的小店！重逢的喜悦，说的就是这类事吧。

“咦？原来我能做餐饮业呀。”【1】

（HOHOHO座）
您家原创设计的咖啡杯有种特别让人眷恋的感觉，包括店里有统一感的椅子和桌子，似乎都是定做的。是对这种风格有执念吗？

（TitaTita咖啡店）
那倒没有，它们很“平凡”。我不想让它们带有个性。

的确，这么一说，是觉得它们有种绝妙的平凡感。很早就想开老式咖啡店了吗？

最初我做小册子*K-ITE LAND*（注2）的志愿者时，总在咖啡店里思考企划、整理文章，坐在公司里没法集中精神……大概因为这样，渐渐喜欢上了咖啡店。能停车的、不时髦的、乱七八糟的咖啡店就挺好（笑）。大部分一起做册子的人都做餐饮类工作，跟她们慢慢混熟后，逐渐对餐饮业产生了兴趣。

像阵前倒戈了一样。……也不能这么说（笑）。

那份差事任务很繁重，身体状况变差后，我就辞了职。接下去打算做喜欢的工作，所以去咖啡店打工了。

对类似*K-ITE LAND*的媒体行业没什么留恋？

是，没什么留恋……我本来就没什么特别想做的事。做*K-ITE LAND*是因为我喜欢这本小册子，仅此而已。只是想度过那么一段时光。

就是说，也没什么远大目标。面试过了，就去上班？

对对。

也不是所谓热衷于咖啡店的人？

不是。不过，我喜欢创造东西，比如，画画之类。

这就是年轻人特有的不安定感吧，总想做点儿什么。第一次打工的咖啡店在哪儿？

在祇园一家老奶奶开的店里开始了打工生涯，店经营得乱七八糟的。最开始我都不知道咖啡要怎么做，这问题不进后厨就不会懂。后来懂了，因为老奶奶只管坐着不动（笑）。既得顾后厨又得顾店里，做着做着，就想：“咦？原来我能做餐饮业呀。”

突然开始害怕面对人……　【2】

这是多大时的事？

二十八岁左右吧。

这岁数才对餐饮业开窍，有点儿晚啊。

是啊。食材应该怎么摆到冰箱里，进货应该进到什么程度才合适，这些都学到了。有一次去木屋町一家熟人开的酒吧，大家聊起“现在都干什么呢”，我说我在咖啡店打工，对方说他父母要开一间咖啡店，问我愿不愿意跟他太太一起经营。从那时候起，我算正式入了餐饮业这一行。那家店叫“ROY'S GARDEN”(注3)。

从开店就参与进去了吗？

是。定家具、定餐具，很有意思。

在那家店，有没有留下什么开心的回忆？

有。在那家店干活时参考了很多书籍来做吃的，但我其实并没有跟着哪位师傅学过，做的真就是自己那套东西。从客人手里收钱，心里特别愧疚，对自己没什么自信，心里七上八下地在后厨做东西，心想，要不要辞职去进修一下啊……

我听人说，您曾经打算去当司机，开大卡车……

不不，不是开大卡车。是开着特殊的运货车在中央卸货市场里运送鲜鱼之类。

为……为什么要做这个？

突然开始害怕面对人……想做尽量不接触人的工作。

怎么从这个工作转回服务业的？

干着干着就觉得自己再继续干下去就要完蛋了，觉得不多接触人不行。

然后去了哪里？

一个有主厨的餐厅，叫“Petit Restaurant Naito”(注4)。我边在那里做事边在京都大学的生协食堂里干一堆杂活积累经验，还在一家叫“Buttercups”的咖啡店打工。

女强人型，气势满满啊，这个工作方式（笑）。这种状态持续了几年？

大概两年吧。

“真的，吃东西就应该快快乐乐地吃呀。”

【3】

在 Petit Restaurant Naito 都做些什么工作呢？

就是菜下锅前的各种准备工作。专业切菜刀具的使用方法也是在那里学到的。

已经这么辛苦了，为什么还要去别处兼职？

因为那里只会派给我做事前准备工作的活儿。这种事做多少年是个头呢。不过没办法，做菜是主厨的工作，我们只能给菜装盘，或者炒炒洋葱。

您是急性子吗？

对，脾气比较暴。

什么时候拿到的厨师资格证书？

从那家餐厅辞职后拿到的。

一定是技压全场、出类拔萃的类型啊。说不适合做幕后工作也行，上进心很强。是刻意往这方向发展吗？

唔，在 ROY'S GARDEN 工作时，朋友的太太 Masami 女士是个很会享受美食的人。在认识她之前，我对吃这件事兴趣不怎么大，觉得能填饱肚子或者营养跟得上就行了。

我直到今天都是这样，真想快点儿成熟起来。

我真的过得很不健康。玩命抽烟，狂喝酒，睡觉也不规律……那位 Masami 女士一直都是全职太太，是个会跟孩子一起快乐地吃东西的人，也会把食物做得很可爱。目睹这些，我很羡慕，心想：“真的，吃东西就应该快快乐乐地吃呀。”

没错，为他人提供服务，自己固然必须具备专业知识，但心态也很重要。

就是这样。做事情，首先要自己喜欢嘛。如果有人吃了我端出来的食物，能兴起“啊，我也试着做做看吧”的念头就好了。这就像我受 Masami 女士影响一样，是很重要的事。

开始我转了半天都找不到您家店在哪儿。选定这个地方开店，有什么理由吗？

我这人比较怕生……不想跟太多人打交道，不认识的人天天上门我真的受不了，肯定不能把店开在街道上或者面向繁华大街（这种可能性还真有过）。住附近的、每天打照面儿的熟客就算来再多，我也觉得踏实。

不能开在大马路上吗？

原先工作的那家 ROY'S GARDEN 开在大学附近，总有学生上门。开始也想开在类似的地方，但没找到特别合适的……最终还是在家附近找到了这地方，挺不起眼的。

我也觉得地方有点儿隐秘，蛮难找的（笑）。对了，这地方之前是做什么用的？

也是咖啡店，好像开了快二十年。

有没有保留下来的东西？

柜台是原来的。

原来如此。的确，我还在奇怪为什么柜台这边不像新家具那么白，心想“这家店看着很有年头啊”。

是啊。新换了壁纸和窗帘，重贴了地砖。走上下水的事最费钱，所以找的都是这方面保留完好的商铺。这是最低条件。

意外地稳重又成熟啊。

是吧（笑）。

客人们的年龄也比较成熟吗？

都挺大的。大爷大妈得占一半。

换句话说，喜欢年轻气质咖啡店的女孩子们不来您这儿？

不熟的客人在杂志上看到我们店会过来，脸熟的孩子也会慢慢把朋友都带来。

比起现代咖啡店，一早就打算做老式咖啡店吗？

对，最初就这么打算的。所以，大爷大妈是必要的元素。我个人觉得他们会来的店就是好店（笑）。

原来如此。所以店里才准备了报纸和周刊杂志，允许抽烟，老花镜也备上了。跟大爷大妈们交流无障碍吧？

不，完全沟通不来（笑）。

咦？

所以才在这方面努力嘛。让大爷大妈们跑了可不行。

感觉已经是用商业上的标准来努力创造回头客了。对了，印象中，您工作过的 Buttercups 也是家跟独特的客人打交道的店。

那边是有很多有个性的客人呢。

从来没跟这么多大爷大妈脸对脸过。

【4】

开店当天是什么情况，还记得吗？

我想想啊，在ROY'S GARDEN打工时的同事来帮忙了，妈妈也来了。还真来了不少人。街坊们在店开始装修时就过来打过招呼。原先就是咖啡店的地方又开了一家咖啡店，街坊们也很高兴吧。毕竟爷爷奶奶们没法去很远的地方喝咖啡。他们很高兴，说："又开了一家呀！"

该说听了有点儿茅塞顿开还是什么呢。上了年纪的人开的、即将油尽灯枯的咖啡店被人继承，在同样的地方，新的咖啡店又诞生了，这样的传承，实际上可能有着非常重大的意义。

我在开这家TitaTita咖啡店之前，这里的确有家那样的店。我很迷那家店的，还打算寄封信给人家，写上："请让我继承您的店！"虽然最终没送出去。

您可真热情。咦，对了，您家菜单上好像有酒卖？

平时不卖酒，最近，酒吧业务开了，在那个特定时间段内会卖酒。不过，酒吧不是我想开的，是朋友想做，我就交给对方打理。在那个时间段，我去柜台喝酒一样要花钱买，相当于客人。不过，朋友也得给我交租金就是了。

明明是咖啡店却提供早餐？

八点才开始供应，作为早餐其实算晚了。

什么样的人会来买？

熟客。不过，也有人周六一早特意跑来，夫妻啊、情侣啊之类的。

在京都这种地方，早餐卖450（日元）太便宜啦。

最初定价是400（日元）呢。

您这里就您一个人，要是店里全坐满了，岂不是要忙坏了？

那真是精疲力尽。忙碌代表要准备的东西也多。

在您家的菜单中，肯定包含着在所有地方学到的做菜技巧吧？

是啊。煎肉饼就是在Petit Restaurant Naito学会的。

能记住客人们的长相吗？

我记人脸记得可牢了，但是记不住人名（笑）。

我两样都记不住。有什么窍门吗？

大爷大妈们都是自来熟，会主动来聊天，多半会坐在柜台前。

这么说，您不会跟坐在其他地方的客人主动搭话？

对（即答）。我不会把初次来店的客人安排在柜台前就座。虽然有人还是愿意坐这儿。

一个人时，我就喜欢坐柜台位。就算人多，也不会受影响。喜欢在柜台前坐的人其实挺多的。说起这个，坐在您家柜台前，能把做东西的过程看得一清二楚，您不介意吗？

这点挺要命的。有一阵子是想过，要不要在柜台这边装上拉帘。多装几块……每天都要接受别人的目光注视，压力相当大，不知如何是好……想过要不要只把柜台用作摆设，摆点儿小东西卖，要不然就装上单面镜（笑）。

成索然无味的咖啡店了（笑）。

一边想着要加油克服，一边也就习惯了。不过五个大爷大妈并排坐在柜台前时，可真是，从来没跟这么多大爷大妈脸对脸过！而且，虽然并不是在看我吧，但所有人的眼神都往这边来……莫名觉得吓人。现在倒是无所谓了。

店里生意怎么样，前期就上了正轨吗？

一直都那个样吧。在选择开老式咖啡店时，已经不指望赚钱了。

在聊天过程中一直觉得您身上有一点很神奇，那就是没有自信却能积极地去解决事情。

这算什么心态呢……（看了看广阔的天空）反正都要做，那就要做好。可能是想变得自信吧。

为了获得自信而拼命努力面对？

是啊。

原来如此，与其说这是才能，不如说这是经验的累积吧。

二〇〇八年九月十四日开店
店主 Miyoshi Mutsumi

浓汤套餐

用时令蔬菜
做出来的浓汤套餐，
蔬菜总有不同。

红色的甜椒和黄色的土豆，
绿色的菠菜和西蓝花。
听说做之前会先考虑颜色搭配。

“这是菜单上我做得最开心的一道菜。”
真的是带着一脸快乐
推荐给我的。

听了这说法，
吃这道菜时也变得开心起来。

注1 Buttercups：店主是位老奶奶，灯光稍暗。本地人都喜欢的一家咖啡店。
注2 *K-ITE LAND*：由志愿者制作的、20世纪80年代初开始在京都持续发行约20年的免费信息手册。
注3 ROY'S GARDEN：有暖洋洋的光线照射过来的露天咖啡座的咖啡店。
注4 Petit Restaurant Naito：由建筑历史超过百年的民居改装成的京都町家餐厅。

MENU

珈琲

ブレンド珈琲	400
おかわり	200
今月のスペシャル珈琲	400
アイス珈琲	450*
カフェオーレ	450*
カフェモカ	550

チョコシロップとふんわり生クリーム

珈琲チケット（11枚綴） 4000

プラス50円で「アイスクリームのせ」できます

飲みもの

ココア	500
紅茶	400*
コカ・コーラ	400*
オレンジジュース	400*
バナナジュース	500
ミックスジュース	500
クリームソーダ	500

ドリンクセット♪ なら…お得です。

ブレンド珈琲¥200、
*マークの飲みものが¥100 OFF!!

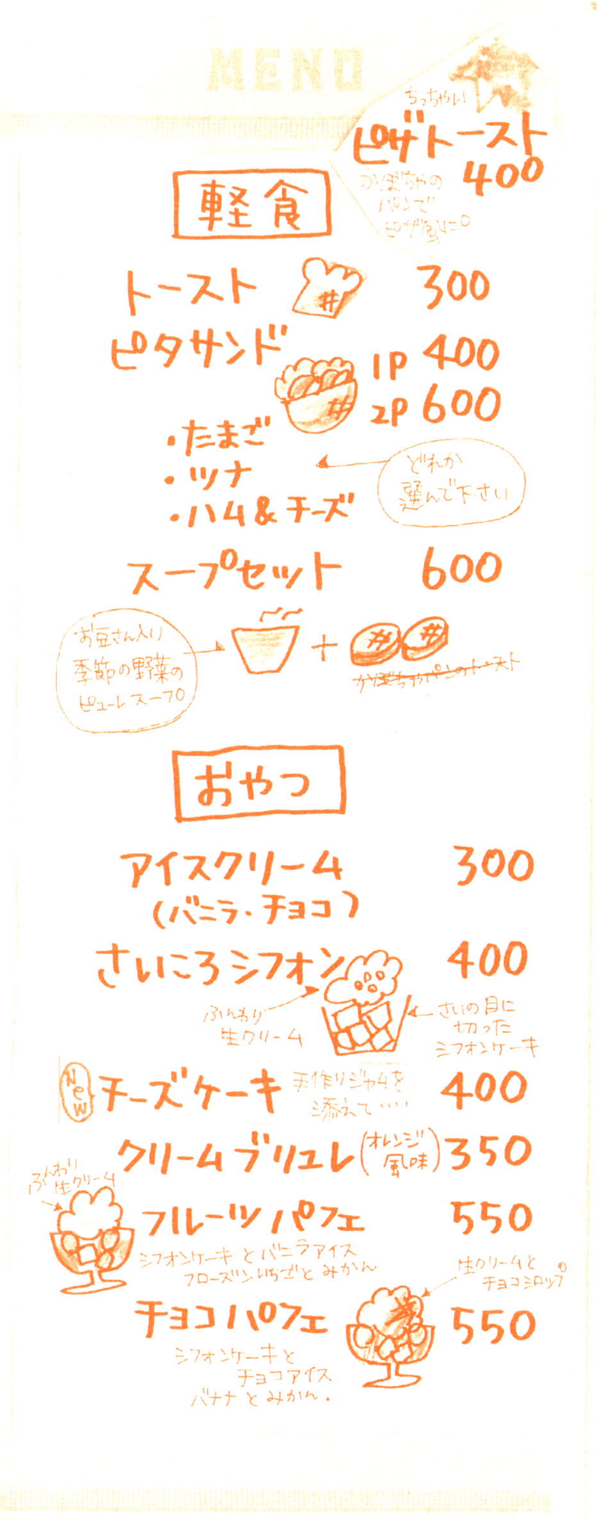

MENU

ちっちゃい!
ピザトースト 400
かぼちゃのパンでピザ風に。

軽食

トースト 300

ピタサンド 1P 400 2P 600

- たまご
- ツナ
- ハム&チーズ

どれか選んで下さい

スープセット 600

お豆さん入り季節の野菜のピューレスープ + ~~かぼちゃパンのトースト~~

おやつ

アイスクリーム（バニラ・チョコ） 300

さいころシフォン 400
ふんわり生クリーム
さいの目に切ったシフォンケーキ

New チーズケーキ 手作りジャムを添えて…… 400

クリームブリュレ（オレンジ風味） 350

フルーツパフェ 550
ふんわり生クリーム
シフォンケーキとバニラアイス フローズンいちごとみかん

チョコパフェ 550
生クリームとチョコシロップ
シフォンケーキとチョコアイス バナナとみかん.

本书中给出的店铺菜单及定价均为采访时的实际情况。现在菜单可能有所不同。

咖啡

拼配咖啡	400日元
续杯	200日元
本月特供咖啡	400日元
冰咖啡	450日元
咖啡欧蕾	450日元
摩卡	550日元

带巧克力淋浆
和打发的鲜奶油

咖啡券 （11张一套）	4000日元

加50日元
可加一勺冰淇淋

饮料

热可可	500日元
红茶	400日元
可乐	400日元
橙汁	400日元
香蕉汁	500日元
混合果汁	500日元
奶油苏打汽水	500日元

一次点2杯以上……更划算

拼配咖啡200日元

带＊号的饮品优惠100日元！！

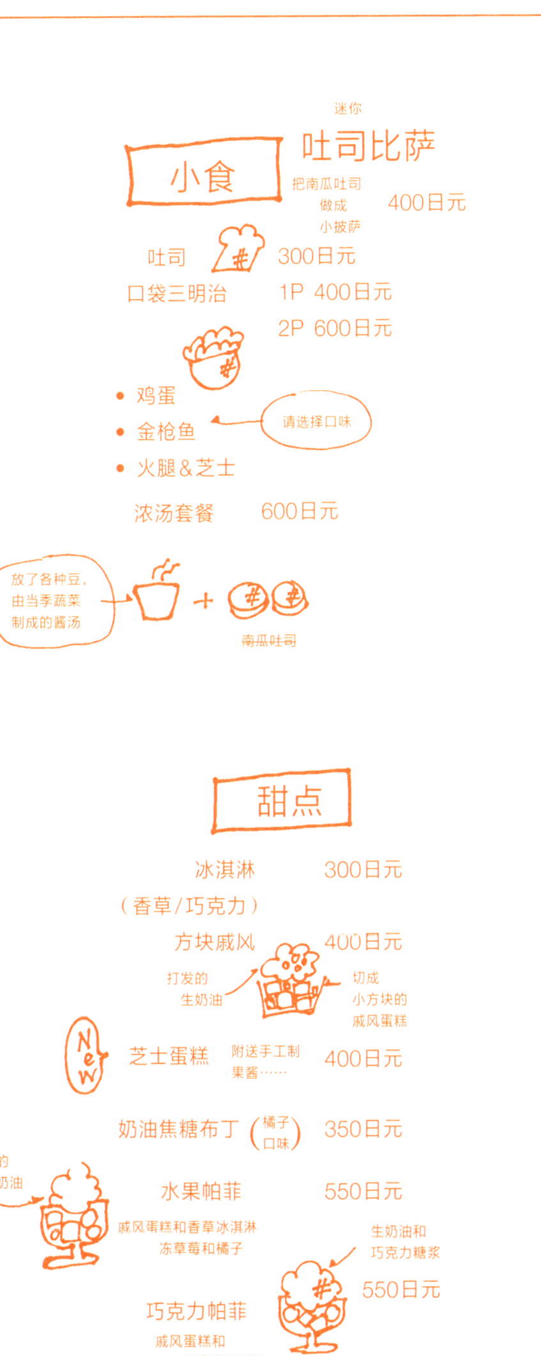

小食
迷你
吐司比萨
把南瓜吐司
做成
小披萨
400日元
吐司 300日元
口袋三明治 1P 400日元
2P 600日元
• 鸡蛋
• 金枪鱼
• 火腿&芝士
请选择口味
浓汤套餐 600日元
放了各种豆，
由当季蔬菜
制成的酱汤
南瓜吐司
甜点
冰淇淋 300日元
（香草/巧克力）
方块戚风 400日元
打发的
生奶油
切成
小方块的
戚风蛋糕
New
芝士蛋糕 400日元
附送手工制
果酱……
奶油焦糖布丁 （橘子口味） 350日元
水果帕菲 550日元
戚风蛋糕和香草冰淇淋
冻草莓和橘子
生奶油和
巧克力糖浆
巧克力帕菲 550日元
戚风蛋糕和
巧克力冰淇淋
香蕉和橘子

我开咖啡馆那日／2012年5月7日／鹌鹑咖啡馆／荻野纯子

鹌鹑咖啡店

京都市中京区西之京中御门东町104－3
电话：075－200－5534
营业时间：11：00—17：00（最晚点餐时间16：30）
休息日：周日、周一、法定假日

鹌鹑 咖啡店

我事先了解了这家店的风评，大体是“总而言之，气氛很好”“店主之前在某live house工作过”。姑且去探探。店开在所谓的非观光、年轻人不会扎堆的地区，内部装潢保留了昭和时代咖啡店的样貌，让人觉得仿佛穿越回了那个年代。店里放的都是六七十年代的西方音乐。
坐在位子上喝咖啡，感到自己处于一种奇妙的氛围中，心情非常安定，仿佛是在自己家里一样放心。店里的陈设虽然崭新发亮，却有种恰到好处的、使用多年的古旧气息。那种不可思议的感觉应该来自这种时空交错感。是什么给了人好心情呢？待客方式放任随意？光线营造了好气氛？还是放置在桌上的、设计复古的菜单？抑或是早已不会出现在咖啡店中的、这家店特制的、像纪念品一样的原创火柴盒？……想一直待在这里。随意一望，除我之外，店内还有数名优雅的、一个人消磨时间的客人们。他们像身处胶囊旅馆一样享受着自己的那片天。真想告诉别人这家店的好，又不想让别人知道。

因为放的都是自己喜欢的曲子（笑）。

【1】

（HOHOHO 座）
俗话说的“老式装潢”，形容的就是这里了。原本就是这种风格吗？

（鹌鹑）
不是，原来好像是家壁纸店，最里边住人，前脸儿开店。我把前后打通，扩充了一下面积。厨房跟上下水都是推翻重做的。

外装看上去年代也颇为久远。
外边的玻璃部分是之前那家店的，保留下来了。

带有原创 Logo 的玻璃呢？
朋友按照“老式咖啡店”的感觉帮我做的。

您是京都本地人吧？最初在哪里高就？
在大阪一家服饰专业学校上学，念了半年就退学了。之后去“TOWER RECORDS”（注1）上班了；同时，在咖啡店“六曜社”（注2）打点零工。

有种“亚文化小众女孩”气场全开的感觉。
倒也没打算那样（笑）。就是喜欢音乐。

喜欢什么类型？
比较喜欢（20世纪）60年代后期到70年代的美式摇滚。

说到音乐，之前来时店里也放着那个时代的音乐呢。
因为放的都是自己喜欢的曲子（笑）。

书架上陈列的书籍也很有意思。
符合您的阅读偏好吗？基本都是我老公摆上去的。我不怎么看漫画，只喜欢楳图一雄，所以，我的要求是，有他的作品就行。

根本就不想当OL，完全是个不适应社会的家伙。

【2】

在TOWER RECORDS干了多少年？

七年左右。所以，比起干活不利索的员工，我算是打工者中的翘楚了。刚开始在卖场里卖东西，差不多一年后吧，被调去分店（当时实体店还在，现在已经没了）的展示平台促销商品。

这样的工作，人人都能立刻上手做吗？

开始有前辈教，边受教边做。我本来就是擅长做事的人，很快就做熟了。

前后算下来，持续做了八年？

是啊。从TOWER RECORDS辞职后，想起之前在服饰学校半途而废的事，就又花了三年，念了个教西式裁剪的学校，从那里毕业。然后呢，倒也没顺势去与服饰相关的公司就职（笑），只是凭兴趣做衣服。

当时有收入吗？

没有。反正当时还住在娘家，就啃了三年老，跟他们说，让我当三年米虫吧，三年就行（笑）。怎么说呢，讨厌上班啊。穿着西装到处找工作我可真不行，根本就不想当OL（白领），完全是个不适应社会的家伙。

没考虑过上班，是因为打算将西式裁剪之类的工作做成事业养活自己吗？

想是想过。但是呢，那样的人，都是从服饰学校出来就职后不甘居于他人之下才独自创业，那不可能立刻就如愿……我真的很想开家成衣店，但对刚出校门的我来说，凭店吃饭，比较吃力。

林林总总地聊下来，您也从高中毕业十年啦（笑）。

是啊（笑）。毕业后不想当OL，就找有意思的工作。西院那里有家叫“OOH-LA-LA”（注3）的live house，开始在那里上班。

OOH-LA-LA搬去别处了吧。是在没搬时的旧地点工作？

是啊。到它搬走为止，我在那里待了四年零八个月。

在开这家店之前，您可完全没有饮食业的相关经验啊，很厉害。

OOH-LA-LA那里的菜单，东西多的时候不输居酒屋，能有几十种。菜品也好饮料也好，我全都做过。而且，在那里工作的条件是必须在它的姐妹店，也就是咖啡店里打工，所以，两边后厨我都待过。做饭的话，原来在娘家时就做，已经很熟练了。没过多久，店里工资预算不够，打工的人少了，什么都得自己做。店虽小，但几个人照顾整个店，能学到不少东西。

在那里工作期间，萌生出了自己开店的想法，是这样吗？

是的。OOH-LA-LA是live house，工作性质就是晚出早归，早的时候凌晨三点完事，晚的时候五点。店关门后，要做的活儿真的很多，这工作完全昼夜颠倒。每天这么过，身体也吃不消（笑）。考虑到年龄问题，这个工作也不能干一辈子。我心想，必须得告一段落了。从OOH-LA-LA辞职的前一年，我就开始琢磨自己想做什么、能做什么，结论是“还是进饮食业吧”。不过，在此之前，我从没在时髦的咖啡店里工作过，做菜风格也不时髦，而是家常风味。考虑到必须让自己的能力有用武之地，自己也对昭和调调的复古咖啡店心怀憧憬，就定了下来。想要那种“住附近的大叔摊开体育报纸，边抽烟边喝咖啡”的氛围。过去商业街上经常能看到的咖啡店，现在已经很难寻觅了。再说，比起时髦的咖啡店，我觉得去那种大妈经营了好多年的咖啡店比较自在。我喜欢后者，所以，会刻意追求这种感觉（笑）。反正，就想开一家昭和调调的店，卖卖日式炒意面，卖卖三明治，普通点儿就好。

经常去这种氛围的老式咖啡店吗？

是啊。我很喜欢“静香”（注4），也很喜欢附近开的、不像静香那么有名的咖啡店。

确实，您家店也有点儿静香的感觉。比如呈直角的椅背跟椅面，像老式电车里装的那种。不过，第一次走进来时，最让我震惊的是店里的视觉概念，非常清晰，绝妙的搭配。

是不是像放美国（20世纪）六七十年代音乐的、昭和偏僻地段的小酒馆（笑）。可能就是特别喜欢有这种氛围的地方吧。

这么说，店内面向的顾客群体是附近的大爷大妈？想网罗他们？

是啊。比起时髦的年轻人，我更希望附近的大爷大妈光临本店。

实际上，到店的客人都是什么类型呢？

午餐时间来的都是公司里的OL，天黑之后，大妈们就来了。女性客人比男性客人多。

客人会坐在柜台前吗？

看着像常来咖啡店的大爷们会一屁股坐下来（笑）。

在这么近的距离接待客人，您不会觉得不舒服吗？

不会。比起跟年轻人聊，我反而更喜欢跟大爷大妈们聊天（笑）。在卖酒的店里做过柜台上的活儿，习惯了。

大爷大妈们把店里当成“聊天场地”一直坐着，也可以吗？

完全没问题啊。客满时占着座儿不走是会让人头疼，但反正店里也不会客满。座位空着时，点杯咖啡聊啊聊的，也不错。

这生意还做得下去吗（笑）？

嗨，有客上门，就该心怀感激。或者应该说，有人能够特意前来，我已经很开心了。我这店才开了三年嘛。

来者不拒啊。年轻人也可以来吧？

那是（笑）。我哪有立场拒绝客人啊，欢迎对复古咖啡店有兴趣的年轻人过来玩。

理想是向（20世纪）70年代的咖啡店文化靠拢么？

能做出那种感觉就好了。

当初光临OOH-LA-LA的客人会来这里吗？

会啊。这距离，走着勉强还能来，乐队的人彩排结束后会来，认识的人也都来过了。

生活起居在二楼，一楼做生意。想塑造这种旧日"拖家带口烟火气"的感觉。 【3】

跟您这么聊下来，您给我的印象，基本上是"意象为先型"。比方说，有了"服饰""复古"这类自然形成的关键词或意象，再有具体实现它们的目标意识。总之，先让"花朵"开出来，只要开了花，"种子"应该会自己跟上——这么一种感觉（笑）。

趁着有想法把事做了，后面总有办法应付。我这人，这种倾向还挺高的（笑）。说难听点儿，就是做事毫无计划。比如高中毕业后虽然念了大阪的服饰学校，感觉不对立马就退学那事。

不过，从十五六岁到二十五六岁那段时间，人人都是那样吧。搞不清自己是谁，要干什么。

当然，现在开了店，已经不那样了，会牵扯到很多人。现在只想把店经营好。

没有开老式咖啡店的经验，却能让视觉印象不偏离那个氛围，把店打造得有模有样，这其实还挺难的。这是因为具备独特的美学意识？

开始思考后，会在脑袋里试着建立很多场景。店要做成这样，东西要用这样的，这里要这样摆弄，用这样的杯子泡出这样的咖啡……这类想法很多的。

这些画面，是凭空想象出来的，还是研究借鉴了什么想到的？

研究借鉴的。除了观察有名的店，在附近的店里看到感觉不错的椅子，我也会偷偷记下牌子，上网查资料。还有，日式炒意面肯定要上菜单时，我去了好多家店，吃了好多种面来作参考。

花了多长时间准备开店事宜？

2011年年末从OOH-LA-LA辞职，第二年五月开的。认真算，也就五个月左右吧。不过，我在OOH-LA-LA辞职前就去各咖啡店闲逛，总结了心得，也寻觅过租铺。把那些也算在内的话，时间稍长些。

为什么决定租这个地方？

我原先就住这附近，这里的房东，也是我当时住处的房东，是土地持有人。我猜想对方手上可能还有租铺，咨询了多次。所谓带住宅空间的铺面，必要条件就是生活起居在二楼，一楼做生意。想塑造这种旧日"拖家带口烟火气"的感觉。

啊，店主的孩子就在店里吃晚饭、写作业，这么一种感觉吧？

对对对。这种场景，有一种昭和氛围。再就是，想成为熟悉这片区域的当地人。所以，我不想把店开在河原町或大街上。那种地方，店已经够多了。

给店里供货的也是OOH-LA-LA那边的人？

有时从那边进货，我自己也会找货源。咖啡豆是咖啡店的招牌，所以，会把不同产地的豆子混合烘焙。

咖啡350日元一杯，跟一般咖啡店比，您家算便宜了。会不会亏本啊？

没事，还能凑合（笑）。我琢磨着，附近的咖啡店一杯咖啡也就350日元吧。再说店里还卖早餐，肯定有赚的。

店面改装顺利吗？

虽然是带住宅空间的铺面，但不是餐饮店，改装起来很费劲。不过，房东说过，我可以随意弄，所以，折腾了个够（笑）。

柜台那儿贴的瓷砖很特别，找专业人士做的吗？

托一个靠谱的人做的。跟他说了想要做出昭和氛围，他就综合很多素材完成了这部分。

一个人把这些全贴了？！

肯定要找些帮手一起做。

真是太有想象力了，知识丰富，品位也好，是位什么样的人物呢？

木屋町有家live house叫"UrBANGUILD"（注5），就是那里的老板次郎先生（注6）。您认识吗？

当然认识！咦，原来是次郎先生做的啊！真的假的？好棒啊！次郎先生的正职是做木匠活儿，UrBANGUILD 那有格调的内装就是出自次郎先生之手。的确，找他来做的话，即使不把要求一个个都阐明，他也能领会到相同的价值观。

坐下来商量时也是，只给了次郎先生“昭和复古”“老式咖啡店”这样的关键词。他一直做的都是有意思的店，所以，这次也想来点儿不一样的。但我说我要的不是那种感觉，我想让大爷大妈来光顾，无非就想要个普通的店，但最好有一种复古的感觉。说了这些后，给了他参考用的照片。次郎先生看后说：“做昭和复古式，我最拿手啦。”我只要求次郎先生满足“客人一眼就能从外面看清楚店里”和“柜台和桌椅要有复古氛围”这两个条件，其余都随他。

用了相当好的装修材料啊，资金从哪儿来的？

贷款，也跟父母借了钱。因为我基本没什么存款。

不过，果真装修得跟从前的老式咖啡店一样。

附近的大爷大妈们也说：“真让人怀念！”“以前见过这样的咖啡店呢。”

内装用的各种材料看着还很新，但从外部看来，会觉得这家店有年头了。明明三年前刚开张（笑）。对了，店里还有些小玩意儿，或者叫“小物件”？

是啊。我坚持要做印着Logo的火柴盒。

对一些小的耐用物件相当讲究。

这类东西我都自己选。比如菜单一定得是立式的，火柴一定得有，等等（笑）。

（20世纪）70年代的旧式咖啡店刚开张时也都是崭新的嘛。就像是，计划在昭和四十三年（1968年）五月开张的咖啡店原原本本地穿越到了这里。这样想也不错吧。

是啊（笑）。数十年后，又带上了时间的印记……

虽然旧日时光已不可追，但看起来，时间总会在某处留下烙印呢。

二〇一二年五月七日开店
店主 萩野纯子

注1 TOWER RECORDS：外资系大型唱片店。
注2 六曜社：一楼和地下各有一家店，地下那家店的老板是创作型歌手奥野修。
注3 OOH－LA－LA：以摇滚乐队为主安排演出的live house。
注4 静香：昭和十二年（1937年）创店的老牌咖啡店，内装一直维持当年的模样，可以体味到时空交错的氛围。
注5 UrBANGUILD：繁华大道公寓大楼中的live house，演出气氛有些不羁，比较成熟。
注6 次郎先生：UrBANGUILD的老板兼木匠，福西次郎。有独特的美学意识和品位，能创造出很有味道的演出空间。

鹌鹑的招牌单品

巧克力帕菲

玉米片打底，上面放用了很多由鸡蛋做成的自家制冰淇淋，
再放上奶油、蜂蜜蛋糕、威化饼干，
最上层放巧克力，点缀樱桃，这样就做好了。

“琢磨带冰淇淋的甜点时做出来的。
想把它做成
老式咖啡店里那种帕菲。
比起小孩子，成年人更喜欢它。”

说起帕菲，所有人脑中
都会浮现出的王道组合。

トースト（バター／ジャム） 280
チーズトースト 380
ピザトースト 480
シナモントースト 380

サンドイッチ
たまご 600
ハム 600
ミックス 650

****

モーニングサービス（11:00まで）
A．トースト、コーヒー 430
B．トースト、コーヒー
サラダ、ゆで卵 530

日替わりランチ（ドリンク付） 780
（11:30～なくなり次第終了）

トーストサンド
とりハムと野菜 650
ベーコンエッグ 650

スパゲッティ
ナポリタン 600
たらこクリーム 600
ミートソース 650

カレーライス 650
えびピラフ 600
とりそぼろごはん（アジア風） 600

＊食後のパフェ、アイス、
パウンドケーキは50円引き

＊ドリンクとフード、セットで100円引き
（ビールを除く）

ブレンドコーヒー 350
（おかわり300）
アイスコーヒー 350
＊コーヒーチケットあります（11枚綴 3500円）

カフェオレ 400
ウィンナーコーヒー 450

紅茶 400
ロイヤルミルクティー 450
チャイ 500

ココア 500
ミルク 400
キャラメルミルク 450

オレンジジュース（果肉入り） 400
バナナジュース 450
ミルクセーキ 450
コーラ 400
ジンジャエール 400
レモンスカッシュ 400

瓶ビール（中瓶） 600

チョコレートパフェ 600
自家製アイスクリーム 350
日替わりパウンドケーキ 300～

＊ドリンクとパウンドケーキに
アイスクリームのせ出来ます（+100円）
＊ドリンクとデザート、セットで100円引き
＊食後のデザート、50円引き

<< 平日／8:00～18:00 土日祝／10:00～18:00 火曜定休 >>

吐司（黄油／果酱）	280日元
黄油吐司	380日元
吐司比萨	480日元
肉桂吐司	380日元

三明治

鸡蛋口味	600日元
火腿口味	600日元
混合口味	650日元

***

早餐供应（截至11：00）

A. 吐司、咖啡	430日元
B. 吐司、咖啡 沙拉、水煮蛋	530日元

当日午餐（带饮料） （11：30起，售完为止）	780日元

现烤三明治

鸡肉火腿和蔬菜	650日元
培根煎蛋	650日元

意大利面

日式炒意面	600日元
明太子奶油意面	600日元
番茄肉酱意面	650日元

咖喱饭	650日元
鲜虾烩饭	600日元
鸡蓉煲饭（亚洲风味）	600日元

* 餐后追加帕菲、冰淇淋、磅蛋糕优惠50日元
* 饮料与餐点一起下单优惠 100日元（咖啡除外）

拼配咖啡	350日元
	（续杯）300日元
冰咖啡	350日元

* 咖啡券有售（11张一套，3 500日元）

咖啡欧蕾	400日元
维也纳咖啡	450日元

红茶	400日元
英式皇家奶茶	450日元
印度奶茶	500日元

热巧克力	500日元
牛奶	400日元
焦糖奶茶	450日元

橙汁（带果肉）	400日元
香蕉汁	450日元
牛奶奶昔	450日元
可乐	400日元
姜汁汽水	400日元
柠檬汽水	400日元

瓶啤（中瓶）	600日元

巧克力帕菲	600日元
自家制冰淇淋	350日元
当日磅蛋糕	300日元～

* 可在饮料和磅蛋糕上 加冰淇淋（+100日元）
* 饮料和甜点一起下单优惠100日元
* 餐后追加甜点优惠50日元

<<平日／8：00—18：00　周末、节假日／10：00—18：00　周二休息>>

鹌鹑
咖啡馆

本书中给出的店铺菜单及定价均为采访时的实际情况。现在菜单可能有所不同。

	1. 孩提时的梦想是?	2. 至今为止在外边吃过最好吃的东西是?	3. 特别喜欢的、气氛好的咖啡店或老式咖啡店是?（也可填无）	4. 妈妈是什么样的人?
MANIAC STAR Yamada Takayo女士	建立一个小鸟和兔子的王国	在经营状态最佳时的CARINHO吃到的皮塔饼三明治	以前开在白川今出川附近的CARINHO	个子小小的、认真工作的人
向阳处 吉原三千代女士	当小说家	小时候吃到的日式炒意面和奶油苏打水	大阪的“chai工房”	坚强的人
雨林舍 奥田千帆女士	开点心店	在高知吃到的鲭寿司	La Natura，虽然是家面包房，但店里有桌椅，可以就着买的面包坐下来喝咖啡。出门进货时，有时会顺道拐进店里放松一下	至今仍不了解她
燕子咖啡和定食 （广）广川Reira女士 （小）小岛Akari女士	（广）在弹涂鱼动物王国工作 （小）当护士	（广）在那不勒斯吃到的比萨 （小）唔，“最”好吃的，想不出……	（广）神户一家叫“TRITON”的咖啡店 （小）开在北山的咖啡店“F.O.B COOP”	（广）固执，有话直说型 （小）擅长做饭，严厉
FACTORY KAFE工船 濑户Sarasa女士	当设计师或空姐	札幌“一平”这家店的关东煮	浅草的“AROMA”咖啡店和“INODA COFFEE”三条店	不喜欢巨人队的超级美人
TitaTita咖啡店 Miyoshi Mutsumi女士	当全世界飞来飞去的记者	烧烤，刚捞到的海螺和鲍鱼	咖啡店“Seven”和（当时开在意大利会馆1楼的）“Sunshine Cafe”	从两岁开始就不住在一起了
鹌鹑咖啡店 萩野纯子女士	上电视	大善（附近的寿司店）的小竹叶卷小鲷寿司	静香	可爱的人

5. 喜欢的音乐家是?	6. 白色衣服和黑色衣服，愿意穿哪种?	7. 喜欢的厨师是?	8. 最近读的一本书是?
YUKI	白!	Kentaro	《海鸥乔纳森》
noon	带灰色的衣服	佐藤初女	《鳄鱼阿鳄》儿童系列绘本
菊地成孔	黑的	隔壁的隔壁店里的厨师	《吓您一跳的护理民俗学》
(广)佐藤良成 (小)伯特·巴卡拉克	(广)白 (小)白	(广)长尾智子 (小)堀井和子	(广)《细雪》 (小)柳宗民的《四季有花》
唔…… Les Rita Mitsouko	都行	重信初江和辻嘉一	《科克托的餐桌》
忌野清志郎和小山田圭吾	黑	没有	前田司郎的《大木家的快乐旅行》
细野晴臣、杰夫·马尔道尔(Geoff Muldaur)、阿莫斯·加勒特(Amos Garrett)、艾瑞克·卡兹(Eric Kaz)、乔尼·米切尔(Joni Mitchell)、李翁·赫姆(Levon Helm)等，喜欢的人太多，数不过来了	白	没有特别喜欢的	《残留的废物》，东贤次郎(他有个乐队，叫“徒然”)著

	9. 喜欢过的电视节目是？	10. 加入过什么社团？	11. 喜欢什么样的异性？	12. 有没有走过歪路？
MANIAC STAR Yamada Takayo 女士	《花金星期五 Data Land》	美术社	喜欢上的人就是喜欢的类型	没有
向阳处 吉原三千代 女士	《8点啦！全体集合》	放学就回家	自己能照顾好自己的人	应该没有
雨林舍 奥田千帆 女士	《原来如此！The World》	篮球部	有故事的人	没有
燕子咖啡和定食 （广）广川 Reira 女士 （小）小岛 Akari 女士	（广）《漂流者大爆笑》 （小）《智力问答趣味研讨会》	（广）候鸟运动，体验野外生活 （小）羽毛球社	（广）内涵深刻的人 （小）开朗的人	（广）没有 （小）没有
FACTORY KAFE 工船 濑户 Sarasa 女士	《漂流者大爆笑》 《空中小姐》	指什么时间段？高中的话， 美术部	诸星当	没有
TitaTita 咖啡店 Miyoshi Mutsumi 女士	《非常好感觉》	初中在垒球部， 高中在弓道部	双性恋偏男同的人	现在就是
鹈鹕咖啡店 萩野纯子 女士	动画的话是《相聚一刻》， 搞笑节目是《4点啦～》	初中在篮球社， 高中在民谣社	价值观相近的人	歪路倒是没走， 但叛逆期时言行相当过分

13. 请说一件能够昭告天下的难以启齿的事！	14. 对什么持有绝对自信？	15. 男女之间存在友谊吗？	16. 离开京都生活的话，会选哪儿？
其实并没有在电影院观看《星球大战》第二部	在哪儿都能睡着	肯定有吧！	四国那一带……
初中到高中那段时间，时不时地离家出走一下	顽固	有	哪儿都好，很远的国家
不告诉你	做热松饼吧	有	现在的话，想去高知
（广）给喜欢的异性盛饭，盛了好多 （小）都要开门营业了，米饭还没做呢	（广）持久力 （小）唔，很会哄猫？	（广）有 （小）有	（广）松本 （小）濑户内海的岛上
难以启齿，那就是不能说	别人家抽屉里装了什么，大体都知道	友情自身是不存在的	佛罗伦萨
一大早就做什么摔什么，晚上收拾东西时还深深地切到了手指，心情糟透了，冲着店里所有东西大喊“我讨厌你们！”后，回家了。第二天是休息日，但心里老是惦记着这事，还是去了店里，说声“昨天是我发神经，对不起”后鞠了一躬，是我不好	不要命	有	香川县
这可不能说	没有，我觉得自己是个很平庸的人……	有	金泽

	17. 不擅长应对的人是？	18. 理想的一餐是？	19. 开店当天收入乐观吗？	20. 客人带给你的感动瞬间是？
MANIAC STAR Yamada Takayo 女士	时髦的都市男孩儿	咖喱饭、沙拉、咖啡	好像收了3 000日元吧……	有位男士一口气喝了三杯冰红茶，然后就走了
向阳处 吉原三千代 女士	黏人的人	酱汁肉饼套餐	一般般吧	有个和大人一起来吃饭的小学生，因为要搬家，以后再也不能来了，所以一个人跑来店里，送了我一份小礼物
雨林舍 奥田千帆 女士	装乖的人	白饭、味噌汤、好多种季节性蔬菜做成的配菜	还不错	从小学五年级的女孩儿手里收到她第一次做的饼干
燕子咖啡和定食 （广）广川 Reira 女士 （小）小岛 Akari 女士	（广）说话太急，没事就抖腿的人 （小）过于自信的人	（广）豆焖饭、姜汁烧肉、土豆沙拉、汤（像栗原晴美的丈夫喜欢的组合） （小）味道和营养兼顾的、吃了心情就能变好的食物	（广）好像还可以…… （小）不错	（广）听说有位客人已经去世，又看见他好端端地走在大街上 （小）在店门前受伤的客人被另一个客人打车送去医院治疗
FACTORY KAFE工船 濑户 Sarasa 女士	没有	纯粹的日本传统食物	心情挺乐观的	这不能说
TitaTita咖啡店 Miyoshi Mutsumi女士	看不出别人不擅长做某事的人	蔬菜堆得比天高的汤	一般	秘密
鹌鹑咖啡店 荻野纯子女士	没常识的人	既能下饭，也能佐酒的菜，有这个就很幸福了	很好	开店当天，不但熟识的朋友们全来了，连隔壁大妈和“居委会”的领导也都来了，邻居们的情意令人感动

21. 理想中的女性形象是?	22. 请说一位好朋友的姓名	23. 至今为止笑得最开心的时刻是?	24. 出名这件事，到底有多重要?
一心一意守护着不可替代的事物的人	阿塔格鲁系列里的肥猫秀吉	玩“打西瓜”	谁知道呢?
能够面对自己的人	Mame	好多呢…… “最”的话，选不出来	？？？这问题真难懂
一直笑着的人	Maki Mitsui	一个五岁的小女孩跑来告诉我，说她不用人扶便学会骑自行车了！我说我七岁时才学会。她一脸得意，表情十分可爱	我觉得不重要
（广）不会在小事上唠叨个没完 （小）唔	（广）小岛Akari，还有Noriko Abe （小）一个街坊，原来开面包店	（广）小学时做文集，班上有个男孩子总是把“吉娃娃”写成“吉吉娃” （小）忘了	（广）看时间看场合 （小）不知道
于公于私都一个态度， 公私无界限的人	没有（即答）	好笑的事总在不断刷新	得看出的是什么性质的名了。 不过，对我来说， 有钱赚比出名重要
想不出来	没有啦	VISUALBUM Vol.1 苹果“古贺”	就像听别人说了一下昨晚做的梦一样，无所谓的事情
玩乐也好工作也好，都有自己的坚持，虽然很忙，但依然能够参加“居委会”活动的大妈	Aiko	Aiko一次往嘴里塞了两瓶啤酒，混着都喝了	如果问的是开店方面的想法， 能让附近的街坊们都知道我的店， 都来亲近我，那也不错。 这跟“出名”稍微有点儿区别。

	25. 心情低落时怎样振作起来?	26. 希望泡沫经济再来一次吗?	27. 必须高歌一曲时，会唱哪首?	28. 什么事会让你禁不住哭起来?
MANIAC STAR Yamada Takayo 女士	在咖啡店里发呆	无所谓……	《干杯》(伴着吉他声)	昨天爸妈瞒着我去看病……
向阳处 吉原三千代 女士	使劲儿睡觉	那会让人变得神经兮兮的，所以还是不要了吧……	太不好意思，可能不唱吧，混过去	某天，总说难听话的客人去世了。那天哭了
雨林舍 奥田千帆 女士	一个人发呆，扛过去	我可不希望再有	《深蓝色的海浪》	东日本大地震发生后，紧接着福岛核事故就出现了。上班时听店里打工的孩子聊过这事，说是首先泄露出去的是放射性碘，为抵抗它对人体的伤害，没有碘片的情况下吃点笼目海带也行。那孩子下班后店里静得让人发毛，我一个人心里七上八下的。结果那孩子又回来了，给我送来了笼目海带
燕子咖啡和定食 (广)广川 Reira 女士 (小)小岛 Akari 女士	(广)跟朋友聊天 (小)唱歌	(广)不希望 (小)不希望	(广)山口百惠的《秋樱》 (小)《龙猫》里有首歌，是这么唱的："♩来散步~来散步~♩"	(广)真哭出来，那倒是没有过 (小)看报纸时经常哭
FACTORY KAFE 工船 濑户 Sarasa 女士	睡醒就忘。这是病，得治	那还不如彻底别干了，不是更好?	唱Candies的歌吧	日常生活里有的是让人忍不住哭出来的事儿，不是吗?
TiraTira 咖啡店 Miyoshi Mutsumi 女士	睡觉	不知道	乐队robopitcher的《不要紧、应该不要紧》	朋友哭时
鹌鹑咖啡店 萩野纯子 女士	办个酒宴	随便吧，都行	南野阳子的《窈窕淑女》	和老公吵架时

29. 下辈子想做女人还是男人？理由是？	30. 现在就许愿，且只能许一个的话？
女。做女人比较开心	花一个月，在无人岛上冒险求生！
女。虽然会有些让人不爽的事……我有时会想，或许正因为身为女人，才会得到别人更多关爱吧	我很贪心，一个愿望是不够的
女。因为不是很了解女性	希望每个人的人生都是丰富多彩的
（广）男。我一直想让自己变帅气 （小）男。因为身体构造不同	（广）桃子和鳗鱼，能让我吃个够 （小）成为芭蕾女伶，全世界巡演！
男女都行。不过，一想到还有下辈子就觉得活着挺……	那就开家旅馆吧
我不会投胎转世	“地球环境干净（正常标准）”，至少恢复到3・11之前的水平。那件事之后，不禁觉得承受着非比寻常的恐惧和愤怒的人们（虽然并不能完全感同身受）太可怜了
女。因为这辈子做女人挺开心的	我想尽早生下传承我血脉的孩子，所以，希望周围环境能够利于我生养孩子

【作家来稿】

那种氛围

吉本芭娜娜

这本书特别有意思。问题提得很精彩，接受采访的人也没有堆笑敷衍，表现出毫不妥协的自我，令人着迷。

从什么时候开始，我们被逼得一定要满面笑容地接待客人？

这些店主开门迎客时毫不做作，这才是最自在的。

这些人独自闯荡，开店成就了她们。但是，带上客人的喜怒哀乐后，店才瞬间鲜活起来，成为一个有机体。妙不可言的趣味弥漫在本书的每一个角落。

我也很在意气质另类的 Ooya Minoru 先生，那位像幕后人物一般被很多人谈及的人。

女店主们的答话各有深意，她们的人生轨道千差万别，生活姿态截然不同，待客方式游刃有余，读后令人感觉仿佛行走在京都大街上——为什么总想停下来喝点儿什么？没办法，因为京都的好咖啡店太多了；为什么要在不适合的时间段里点咖喱饭吃？因为这家店太棒了，我觉得应该尝尝它家的咖喱饭。人在京都，很难克制住自己。

去别人家做客时，你或许会感到惊奇，或许会感到舒适，但不会处于紧张状态。京都的咖啡店就酝酿着这样一种氛围。

至今仍记得雨滴经年敲击在我那世界第一爱的、如今已不复存在的Doji House玻璃窗上的声音——属于20世纪70年代的声音。走出京都的咖啡店，夜色突然迫近眼前，历史的厚重感和浓郁的植物气息扑面袭来。为将夜色远远甩在身后，我骑上自行车匆匆返家。往事令人怀念。

在东京住下后，凡事总要以金钱为先。

比起人情，汇集在这座城市中的人们更愿意在金钱上投入精力。

在这里，或许只能如此。

彻底习惯后，也就不再对那些事逐一抱有疑问。

只要自己明白心中仍有灼热激情就好。

在想要干出一番事业的年轻人面前，陷阱随处可见。它们坑害经验为零的人，阴谋诡计多到刺眼。

在骗人和被骗的过程中，内心渐渐一片混沌。

过去真好啊——说这句话好像是大妈们的特权，但是，这话用得越来越频繁。我小时候的东京不是这样的，那时候的氛围去哪儿了？那种空闲时间很多的、人们即使悠闲度日也不觉得有压力的氛围。不管劳心劳力的事儿有多少件，只要夜幕降临，走进那家店，就觉得事情总能解决。这种氛围，如今或许只能在小酒馆和中央线沿线及下北沢一带才能找到……不，绝无此事，那种氛围还在。不这样想，叫人如何度日？！有人获得了生命、结交了好友、开了店，做出了自己吃过的美食。可能并没有得到多少回报，但她们仍一心一意、汗流浃背地洗涮碗碟、磨炼技巧、做好吃的、煮好咖啡，店经营得越来越好。她们创造出前所未见的、独一无二的特殊空间，放起自己听过的最喜爱的音乐。她们日复一日，不过是在讨生活。她们是自由的，也承受着自由带来的暗淡和沉重。

那了不起的咖啡店文化到底去哪儿了？少了它，人生毫无乐趣。自己的生活，莫非也已如死水般波澜不惊？让我像读书一样品味咖啡店，让我在心里创造一个广阔的空间吧！等一下，莫非因为生活节奏太快，这些文化、这些志同道合的人都已湮灭？

怀揣这样的想法，我结识了诸位女店主们和 HOHOHO 座。虽然仅在书中相会，你们却带给我莫大的勇气。不一定要笑脸相迎，态度不殷勤也完全不碍事。请让我在你们的店里小坐一会儿，看看窗外的景色。酒也好咖啡也罢，总之，请让我美美地喝上一杯。这样就已足够好了。

我开咖啡店那日之诗

我开咖啡店那日
母亲，来看我了

我开咖啡店那日
老朋友们来帮忙了

我开咖啡店那日
准备好的东西都卖光了

我开咖啡店那日
天气很热

我开咖啡店那日
感受到了世间人情的温度

我开咖啡店那日
想到以后每天都要做同样的事就哭了起来

我开咖啡店那日
不知打哪生出的自信被敲得粉碎

我开咖啡店那日
想要从此过上幸福的生活

我开咖啡店那日
孤零零做开店准备的时光终于有了回报

我开咖啡店那日
才发觉自己不知不觉间早已走上这条路

（重新组织女店主们接受采访时给出的语言后，这首诗诞生了。）

※日文版原诗见后页。

后记模样的自言自语

在本次采访过程中，我渐渐注意到一件事，那就是——某天，每个人都像发生了突变一般对开咖啡店这事开了窍，并为此做起了准备。那不是孩提时代的梦想，而是走入社会后初次浮现于眼前的梦想。那是一种选择，一份实打实的职业。咖啡店或许是女性表现自己的理想形态也说不定，生活三要素“衣、食、住”全部包含在内。通过蕴含思想的烹饪技巧和菜单表现出“食”，待客时穿的工作服是“衣”，店铺规划代表“住”，这些工作全部由自己一手完成。她们选择的，或许并不是一份职业，而是一块真正属于自己的归属地。

HOHOHO座

わたしがカフェをはじめた日
お母さんが見にきていた

わたしがカフェをはじめた日
昔の仲間が手伝ってくれた

わたしがカフェをはじめた日
予定していたメニューがへった

わたしがカフェをはじめた日
とても暑い日だった

わたしがカフェをはじめた日
人情らしきものに触れた

わたしがカフェをはじめた日
毎日これをするのかなと思うと泣けてきた

わたしがカフェをはじめた日
変な自信がすべて叩き潰された

わたしがカフェをはじめた日
わたしは幸せになりたかった

わたしがカフェをはじめた日
仕込みの時間の孤独が報われた

わたしがカフェをはじめた日
それはいつのまにかはじまった

（この詩は、彼女たちにインタビューした言葉を構成して生まれました。）

编辑企划团体。以京都市左京区为中心开展活动。
成员有广为人知的个性派书店“GAKE书房”之店主山下贤二、经营古董书籍的杂货店“KOTOBAYONET”之店主松本伸哉、设计师早川宏美以及经营旧书和唱片的“100000t”之店主加地猛。2015年4月1日，“GAKE书房”和“KOTOBAYONET”合并在一起，“HOHOHO座”开门营业。除从事编辑企划、设计工作外，店里也出售各种新书、旧书、原创商品等。

〒606・8412 京都市左京区净土寺马场町71HINEST大厦1F・2F
电话：075－771－9833
主页：http://hohohoza.com/

图书在版编目（CIP）数据
我开咖啡店那日 /（日）HOHOHO座著；朱娅姣译. --重庆：重庆大学出版社，2020.5
ISBN 978-7-5689-1466-6
Ⅰ.①我… Ⅱ.①H…②朱… Ⅲ.①咖啡馆—商业经营—世界 Ⅳ.①F719.3
中国版本图书馆CIP数据核字（2019）第014073号

我开咖啡店那日
WO KAI KAFEIDIAN NA RI
[日] HOHOHO座 著
朱娅姣 译

策划编辑：张家钧
责任编辑：张家钧 温亚男
书籍设计：Moo Design
责任校对：谢 芳
责任印刷：赵 晟
正文手写体设计：陈宇慧 先萌奇 王 旻 王祎璐
封面书名字体设计：王 斌

重庆大学出版社出版发行
出版人：饶帮华
社 址：重庆市沙坪坝区大学城西路21号
电 话：（023）88617190 88617185（中小学）
传 真：（023）88617186 88617166
网 址：http://www.cqup.com.cn
全国新华书店经销
印 刷：天津图文方嘉印刷有限公司

开本：787mm × 1092mm 1/16 印张:8 字数:452千
2020年6月第1版 2020年6月第1次印刷
ISBN 978-7-5689-1466-6 定价：66.00 元

WATASHI GA CAFÉ O HAJIMETAHI.
By HOHOHOZA

Original Japanese edition published by SHOGAKUKAN.
Chinese translation rights in China (excluding Hong Kong, Macao and Taiwan) arranged with SHOGAKUKAN through Shanghai Viz Communication Inc.

版贸核渝字（2018）第015号